JN099136

企業法務 **1** 年目の教科書

契約書
作成・レビューの実務

弁護士
幅野直人 著

中央経済社

はじめに

　契約書作成・レビューは，企業の法務担当者や弁護士（以下「法律家」といいます）にとって最も一般的な業務類型の1つだと思います。

　一方で，法学部，法科大学院，司法修習のいずれにおいても，契約書作成・レビューのノウハウを学ぶ機会はあまりない認識です（少なくとも，私はそうでした）。

　そのため，多くの法律家は，実務に出てから，（多くの場合はOJTを通じて，）契約書の作成・レビューのノウハウを学ぶことになります。しかしながら，実務に出る前，または少なくとも実際に契約書作成・レビュー業務を行う前に，ノウハウをひととおり知っておくことが望ましいことは言うまでもありません。

　そこで，OJT以外の方法で，契約書作成・レビューのノウハウを学ぶ方法を考えてみたところ，私は，以下の事実に気がつきました。

① 法律家向けに書かれた契約書に関する良書はたくさんある。しかしながら，内容が難しいもの，読者がすでに一定のノウハウを有していることを前提としているものが多い。契約書作成・レビューの経験がない方，または乏しい方（以下「契約書業務初学者」といいます）が，これらを読んだだけで契約書業務を行えるようになるにはハードルが高い。

② いわゆる「初学者」向けに書かれた契約書に関する書籍も存在する。しかしながら，法的素養のない，または乏しい方を対象にする趣旨での「初学者」であり，「契約書業務初学者」を想定したものではない。結果として，これらの書籍は，法律論の解説に重点が置かれ，実践的ノウハウへの言及は少ない。

③ 書籍以外の媒体の情報，たとえば，セミナーやインターネット情報（法律

家が書いたブログや SNS など）には，契約書業務初学者にとっても有益な
情報は存在する。しかしながら，セミナーは反復して学習するには不向きで
ある場合が多い。また，インターネット情報の多くは断片的で，体系的な情
報になっていないうえ，内容が不正確なものも多い。

　そこで，本書は，「契約書業務初学者」の方を典型的な読者として想定し，
これらの方が，本書を読むことで，以下の3つを達成できるようになることを
目標としています。

- 秘密保持契約書や比較的簡易な業務委託契約書，取引基本契約書であれば，
  自力で作成・レビューできるようになること
- あらゆる類型の契約書について，自社のひな形，過去事例，書籍などを参考
  にしながら，契約書業務を自力で行うことができるだけの実践的ノウハウを
  身につけること
- 上記の①で言及したような「法律家向けに書かれた契約書に関する良書」を
  読んでその内容を十分に理解できるだけの基礎的な知識を身につけること

　そのため，執筆にあたっては，以下のことを意識しました。

- 普段から契約書業務を扱う人にとっては，「当たり前のことであり，あえて
  言うまでもない」と思われるようなことをあえて言語化すること
- 学習用に通読できる文量であること
- できるだけ具体例を示すこと

　上記のとおり，本書は，契約業務初学者を典型的な読者として想定したもの
ですが，契約書業務初学者のみならず，以下の方にとって有益な内容になって
いると思います。

✓新人・若手法務担当者（法務部門に新たに配属された方，配属されて間もな
　い方）

✓新人・若手弁護士，司法修習生

✓総務担当者など，必ずしも法務の仕事がメインではないものの契約書業務を
　扱うことのある方

✓一般民事，家事，刑事などを中心に取り扱う法律事務所の弁護士など，契約
　書業務を行うことは多くないものの時折契約書業務を扱うことのある方

✓一般民事，家事，刑事などを中心に取り扱う法律事務所から企業法務を中心
　に取り扱う法律事務所に移籍する弁護士

✓新人法務担当者・新人弁護士の教育を担う立場の方（教育用として本書を使
　用することを想定）

　なお，本書を読むにあたっては，以下の点にご留意いただければと思います。

・本書の記述内容は，あくまでも一般的な例を示すものであり，企業または取
　引内容によって本書の記述が妥当しない場合があること
・本書におけるひな形および解説は，基本的事項を理解してもらうことに重点
　に置いており，網羅性を重視したものではないこと

　本書が，契約書業務を扱う皆さまにとって有益なものとなれば幸いです。

2024年1月

弁護士　幅野　直人

目　　次

第 *1* 章

契約の基本的事項

　本章では，契約書業務を扱う前提として，まず契約の基本的な事項を確認して
いきます。極めて基本的事項になりますので，弁護士などの一定の法的知識
のある方は，「3　契約書締結までの流れ」まで読み飛ばしていただいて構い
ません。

1 ┃ 契約とは？

(1)　契約とは？

　契約とは，当事者間に法的な効果を生じさせる合意（約束）をいいます。

(2)　申込みと承諾

　契約は，原則として，**申込み**と**承諾**という意思表示の合致により成立しま
す[1]（民法522条1項）。なお，申込みは，「契約の内容を示して」，すなわち，契
約の内容を具体的に特定して行うことが必要です。契約の内容について特定が
不十分な場合には，「申込み」には該当しません（申込みをするように誘う行
為，いわゆる「申込みの誘因」にはなりえます）。

【民法522条1項】

> 　契約は，**契約の内容を示して**その締結を申し入れる意思表示（以下「**申込み**」
> という。）に対して相手方が**承諾**をしたときに成立する。

※太字は筆者（以下条文中も同じ）。

1　例外の場合として，商法509条（商人の平常取引）があります。ただし，同条は，「承諾
　したものとみなす」（同条2項）としており，契約の成立において「承諾」の要件を不要
　としているわけではありません。

【申込みと承諾の例】

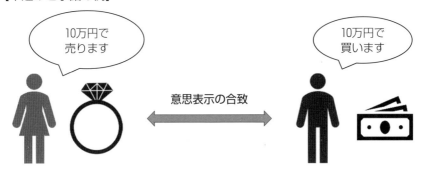

(3)　口頭でも成立？

契約は，書面で行われる場合も多いですが，原則として，口頭でも成立します[2]（民法522条2項）。

【民法522条2項】

契約の成立には，法令に特別の定めがある場合を除き，**書面の作成その他の方式を具備することを要しない。**

(4)　契約に関する基本原則

次に，契約の基本原則を確認していきます。

契約の基本原則は，以下のとおりです。

① 契約締結の自由　：契約をするかどうかを自由に決定することができます（民法521条1項）[3]
② 相手方選択の自由：契約の相手方を自由に選択することができます
③ 内容決定の自由　：契約の内容を自由に決定することができます（民法521条2項）[4]

2　例外の場合として，民法446条2項（保証契約は，書面でしなければ，その効力を生じない）など。

④　方式の自由　　　：契約を書面で締結するか口頭で締結するかなど，契約締結の方式を自由に決定することができます（民法522条2項)[5]

(5)　契約の効果

　最後に，契約が成立するとどうなるか，すなわち，契約の効果を確認しましょう。

　契約が成立すると，その契約に基づいて，当事者に**権利，義務**が発生することになります。そのため，契約に従った履行をしなかった場合には，契約の相手方から履行請求を受ける，さらに，損害が生じた場合には，損害賠償請求を受けるなどといった形で，当事者が合意（契約）に法的に拘束されることとなります。

【契約の効果の例】

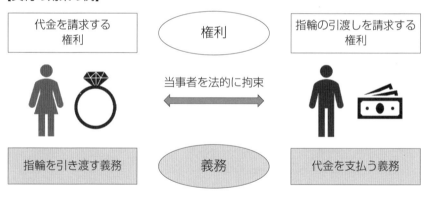

3　水道法15条，医師法19条など「法令に特別の定めがある場合」（民法521条1項）を除きます。

4　借地借家法9条（借地借家法の定めに反する特約で借地権者に不利なものは無効となる）など「法令の制限」（民法521条2項）がある場合を除きます。

5　民法446条2項（保証契約は，書面でしなければ，その効力を生じない）など「法令に特別の定めがある場合」（民法522条2項）を除きます。

(6) 典型契約と非典型契約

　契約には，売買契約や賃貸借契約など様々な類型があります。民法は，これらの様々な契約類型のうち，典型的な契約類型である13種類の類型について規定を設けており，これらの**13種類の契約を典型契約（または有名契約）**といいます。反対に，典型契約以外の契約を**非典型契約（または無名契約）**といいます。

　典型契約は，具体的には，以下の13種類です。

贈与契約（民法549条〜554条）／**売買契約**（民法555条〜585条）／**交換契約**（民法586条）／**消費貸借契約**（民法587条〜592条）／**使用貸借契約**（民法593条〜600条）／**賃貸借契約**（民法601条〜622条の２）／**雇用契約**（民法623条〜631条）／**請負契約**（民法632条〜642条）／**委任契約**（民法643条〜656条）／**寄託契約**（民法657条〜666条）／**組合契約**（民法667条〜688条）／**終身定期金契約**（民法689条〜694条）／**和解契約**（民法695条，696条）

　事業内容によりますが，一般的な事業会社の場合には，委任（準委任）契約，請負契約，売買契約の使用頻度が高い場合が多いのではないかと思います。

　委任（準委任）契約や一部の請負契約は，実務上，「業務委託契約」と呼ばれることがあります。業務委託契約については，第６章で取り扱います。

　また，売買契約は，実務上，「注文書」と「注文請書」によって取り交わされることも多く，また，継続して複数の売買を行うことが想定されている場合には，個別の売買に共通して適用される「取引基本契約」や「売買基本契約」などと呼ばれる契約を締結することがあります。注文書，注文請書および取引基本契約については，第７章で取り扱います。

　一方，実務上は，これらの典型契約に該当しない非典型契約も頻繁に使用されます。非典型契約の例としては，「秘密保持契約」が挙げられます。秘密保持契約については，第５章で取り扱います。

　典型契約に該当する場合，原則として，民法に定める各契約類型の規定が適用されます。たとえば，売買契約であれば，民法555条〜585条が適用されるこ

とになります（このほか，民法総則の規定（民法1条〜174条）や契約総則の規定（民法521条〜548条の4）などは，契約類型にかかわらず適用されます）。

　また，**有償契約**については，原則として売買契約の規定が準用されます。有償契約とは契約当事者が互いに経済的な給付を行う契約をいいます。経済的給付があればよく，双方の給付が対価的な関係にある必要はありません[6]。したがって，利息付消費貸借契約は，借主も利息という経済的給付を行うことから，有償契約です。反対に，当事者の一方のみが経済的な給付を行うものを無償契約といい，贈与契約などがこれに当たります（民法559条）。

　なお，実務上は，複数の典型契約が混合する契約も存在します。たとえば，買主が，売主に対して製品の製造を委託したうえでその製造された製品を納品させる場合，その取引に係る契約は，売主が製品の製造を買主に約するという点では請負契約といえます（民法632条参照）が，売主がその製品の財産権（所有権）を買主に移転して買主がその対価を支払うという点では売買契約といえます（民法555条参照）。このように，請負契約と売買契約の双方の性質を含む契約は，一般に，「**製作物供給契約**」（または「製造物供給契約」）と呼ばれます。製作物供給契約のように複数の典型契約（または，典型契約と非典型契約）が混合した契約は，「**混合契約**」と呼ばれ，双方の契約類型の規定（製作物供給契約であれば，請負契約と売買契約の規定の双方）が適用されると解されています。

(7)　一般法と特別法

　1つの契約に適用される法律は1つであるとは限りません。たとえば，売買契約を例にとってみても，上述した民法の売買に関する規定（民法555条〜585条）のほか，商人間の売買であれば商法（商法526条など），消費者契約[7]に該当する場合には消費者契約法，特定商取引[8]に該当する場合には特定商取引法[9]と

6　なお，当事者双方に対価的な関係のある債務が発生する契約を「双務契約」といい，そうでない契約を「片務契約」といいます。たとえば，利息付消費貸借契約は，有償契約ですが，片務契約です。
7　消費者と事業者との間で締結される契約をいいます（消費者契約法2条3項）。
8　訪問販売などの取引をいいます（特定商取引法1条）。

いうように，適用されうる法律は多岐にわたります。

　そして，適用されるべき法律が複数存在し，両者の規定が矛盾または抵触する場合には，当該規定については，特別法（特定の場合に限定して適用される法律）の規定が一般法（ある事項について一般的に適用される法律）の規定に優先します。

　たとえば，民法改正[10]前においては，法定利率の規定が民法と商法のそれぞれに存在し，民法が5％（改正前民法404条），商法が6％（改正前商法514条）の法定利率を定めていました。そのため，民法改正前の民法および商法が適用される取引においては，特別法である商法の利率（商事法定利率）の規定が，一般法である民法の利率の規定に優先する結果，法定利率は6％となります。なお，民法改正により商事法定利率は廃止されたため，現行法が適用される場面では，商行為によって生じた債務についても，民法の法定利率の規定（民法404条）が適用されることになります。

【改正前民法404条】

> 利息を生ずべき債権について別段の意思表示がないときは，その利率は年五分とする。

【改正前商法514条】

> 商行為によって生じた債務に関しては，法定利率は年六分とする。

(8) 法律と契約の関係

　契約に適用される**法律の規定**は，任意規定（「(9)　強行規定と任意規定」で後述します）である限り，当事者間の合意（契約）によって，変更することができます。

9　特定商取引に関する法律。本書では「特定商取引法」といいます。
10　民法の一部を改正する法律（平成29年法律44号）に基づく改正（2020年4月1日施行）。本書では，民法改正に言及する場合，同法律に基づく改正を指しています。

　たとえば，法定利率の規定（民法404条。2023年4月1日から2026年3月31日までは年3％）は任意規定であり，当事者の合意（契約）によって，これより高い利率，たとえば年6％などに変更が可能です（ただし，利息制限法などの強行規定により制限される場合があります）。

【民法404条】

> 1　利息を生ずべき債権について**別段の意思表示がないとき**は，その利率は，その利息が生じた最初の時点における法定利率による。
> 2　法定利率は，年三パーセントとする。
> （以下省略）

(9)　強行規定と任意規定

　法律の規定は，当事者の合意（契約）によって変更できるもの（任意規定）と，当事者の合意（契約）によっても変更できないもの（強行規定）に分けられます。

　ある法律の規定が強行規定であるか任意規定であるかは，法律の条文上で明らかにされている場合があります。たとえば，借地借家法9条は，「この節の規定に反する特約で借地権者に不利なものは，無効とする」とされており，法律上の帰結を契約によって「借地権者に不利」に変更することはできないこと，すなわち，強行規定であることが条文上明らかにされています。反対に，前述の民法404条1項は，「別段の意思表示がないときは」とされており，「別段の意思表示」があればそれが優先すること，すなわち，任意規定であることが条文上明らかにされています。

　しかしながら，強行規定であるか任意規定であるかが条文上明らかにされていない場合が多く，その場合には，強行規定であるか任意規定であるかを解釈によって判断しなければなりません。

　一般論としては，民法や商法などの規定は任意規定のものが多いです。一方で，消費者保護や労働者保護といった公共的な目的（たとえば，消費者契約法には，「消費者の利益の擁護を図り，もって国民生活の安定向上と国民経済の

健全な発展に寄与することを目的」とする（消費者契約法1条）と規定されています）を持った法律や規定は，強行規定のものが多くなっています。

　強行規定であるか任意規定であるか判断に迷うものについては，コンメンタール（逐条解説書）などによって確認をする必要があります。

⑽　契約で定めるべき事項

　ここまで述べてきたことをまとめると，①強行規定→②契約→③任意規定（特別法）→④任意規定（一般法）の順に優先して適用されることになります。

　このことを前提に，契約で定めるべき事項は何なのか考えてみましょう。まず，法律の規定に従った場合にどうなるか，すなわち，法律上の帰結を確認します。そのためには，自身が行おうとしている取引に適用される法律が何かを確認する必要があります。ここで，典型契約に該当する類型の取引であれば，民法に定める当該類型の規定が適用されます。また，特別法の適用がある場合，一般法と特別法の規定が矛盾または抵触するときは，当該規定については，特別法の規定が優先することになります。このように法律上の帰結を確認したうえで，その帰結を修正する必要がなければ，その事項については，基本的に契約で定める必要はありません（法律上の帰結がそのまま適用されることになります）。反対に，法律上の帰結を修正したい事項（または法律に定めがないが合意しておきたい事項がある場合）には，契約において，その事項を定めておく必要があります。ただし，契約で定めたとしても強行規定に反することはできません。

　つまり，契約では，「法律上の帰結を修正すべき事項（または法律に定めはないが合意しておきたい事項）であって，かつ，強行規定に反しない事項」を定めていくことが基本になります。

【契約で定めるべき事項のイメージ】

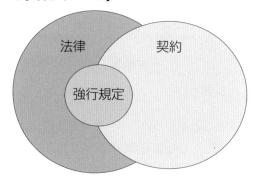

⑾　実務上の留意点

　上記において，契約では，「法律上の帰結を修正すべき事項（または法律に定めはないが合意しておきたい事項）であって，かつ，強行規定に反しない事項」を定めていくことが基本であると述べました。

　しかしながら，実務の世界は，そう単純ではないことも多く，「法律上の帰結」を把握することは，取引内容が複雑になればなるほど難しくなっていきます。たとえば，「典型契約と非典型契約」において，混合契約については，複数の契約類型の規定（製作物供給契約であれば，請負契約と売買契約の規定）が適用されると説明しましたが，具体的にどの規定が適用されるかについては，解釈の余地があるところであり，「法律上の帰結」が一義的に明確でない場合があるでしょう。

　また，法律の条文や解釈（確立した裁判例など）によって，一義的な結論が導かれる場合にも，逐一，どのような結論となるかを法律の条文や判例などと照らし合わせて確認することは煩雑であり，契約において，当事者の理解を確認的な意味で定めることには一定の意義があるといえます。

　そのため，実務においては，契約において，「法律上の帰結を修正すべき事項（または法律に定めはないが合意しておきたい事項）であって，かつ，強行規定に反しない事項」のみならず，**法律上の帰結が一義的に明確ではない事項**（解釈が分かれうる事項）や**法律上の帰結と同じになるものの当事者の理解を確認しておきたい事項**についての規定を定めておくことが一般的です。

2 契約書とは？

契約の意義が確認できたところで，次に，契約書とは何かを確認していきます。

(1) 契約書とは？

契約書とは，契約が行われたことを書面で証明するものです。

「注文書」と「注文請書」によって契約を取り交わすような場合（この場合には，「注文書」が「申込み」に，「注文請書」が「承諾」に該当します）を除き，通常は，1つの書面の中で当事者間に法的な効果を生じさせる意思表示を合致させるもの（「申込み」と「承諾」を兼ねるもの）として契約書を作成しますので，契約書の締結によって契約が成立します。

「覚書」や「合意書」などの名称（タイトル）が付されている場合にも，当事者間に法的な効果を生じさせる意思表示の合致があれば，契約書と同じ効果を持つことになります（「第4章 契約書の構成と文例」「3 契約書タイトル」「(2) 覚書，合意書」参照）。

(2) 契約書作成の目的

契約書は，主に以下のような目的で作成されます。

- **合意内容の明確化**
  言葉は常に自分が意図したとおりに相手方に伝わるとは限りません。口頭でのやりとりであればなおさらです。契約書を作成し，書面化することで，契約当事者間の認識のずれをなくし（共通認識を醸成し），当事者が合意した内容を明確にすることができます。
- **後日の紛争防止，紛争時の証拠**
  合意内容を書面に残すことで，いわゆる「言った言わない」の争いを避けることができます。また，当事者間に紛争が生じてしまった場合に，紛争の解決指針を示すものとして機能し，さらに，当事者間の合意内容を示す証拠として用いることもできます。

- **契約遵守への意識づけ**

　原則として，契約書がなくても契約自体は有効に成立しますが，契約書という書面の形にすることによって，その合意を遵守しなければならないという当事者への「意識づけ」につながります。
- **（一定の場合）法律上または手続上の要請**

　たとえば，民法446条2項は，「保証契約は，書面でしなければ，その効力を生じない」としており，契約書を作成することが法律上要請されています。また，国や地方公共団体の助成事業の場合など，契約書の作成が手続上の要件となっている場合があります。

(3)　契約書を作成していないと……

　契約書を作成していないと，契約の存在や契約の内容を証明することが難しくなり，結果として，不利益を被る場合があります。

【契約書を作成していないと…】

3 契約書締結までの流れ

　ここまでは，契約と契約書の基本事項について解説してきましたが，ここからは，「法律家」向けの解説をしていきます。本書では，解説の便宜上，企業の法務担当者を想定した記述をしている部分がありますが，基本的な要素は，企業から依頼を受ける立場である外部弁護士にも共通します。

(1) はじめに

　契約書レビューなどの契約書業務を取り扱うにあたって，法務担当者は，取引全体において「自分が今どの役割を担っているか」を理解しておく必要があります。
　そこで，まず，企業における一般的な契約書締結までの流れと事業部門と法務部門との役割分担について説明します。ただし，ここで記載する事項はあくまでも一般的な例であり，企業ごと，あるいは，取引ごとに異なる場合があることにはご留意ください。

(2) 契約書締結までの流れ

　契約書締結までの流れは，企業規模や業種，取引内容によって大きく異なるものですが，典型的には，まず自社の事業部門担当者が商談を行うという場合が多いと思います。
　また，重要な取引や複雑な取引の場合には，商談のスタート段階から法務担当者が関与することもありますが，日常的な取引の場合には，スタート段階では法務担当者が関与しないという場合が多いでしょう。商談において，取引が成立する可能性が出てきた段階で，法務担当者が関与し，取引における条件交渉→合意形成→契約書締結に至るというのが最も典型的なパターンだと思います。

【契約書締結までの流れ】

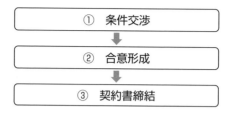

(3)　事業部門と法務部門との役割分担

　事業部門と法務部門との役割分担には，企業ごと，取引内容ごとに様々なパターンがありうるでしょう。

　一般論として，法務部門担当者は，後方支援的な役割を担うことが多く，直接の交渉窓口となる（または，交渉に同席する）場面は，重要な取引や複雑な取引の場合に限られることが多いのではないかと思います。

　また，契約書の締結に関する手続（収入印紙の貼付，契約書の製本など）については，企業によって，事業部門担当者の役割とされている場合と法務部門担当者の役割とされている場合のいずれの場合もあると思います。ただし，仮に事業部門担当者の役割とされている場合にも，法務担当者として，契約書の締結に必要な手続に関する知識を有している必要はあるでしょう。

【事業部門と法務部門との役割分担の例】

事業部門	法務部門
●商談 ●条件交渉（窓口） ●合意形成，契約書締結	●取引全体についての法的検討 ●条件交渉（契約書作成・レビュー） ●交渉に関する事業部門への助言

(4)　本書の構成

　いわゆる契約書レビューは，「契約書締結までの流れ」でいう「①　条件交渉」のフェーズで行われます。この点については，「第2章　契約書レビューの作法」で詳しく説明します。

　また，「契約書締結までの流れ」でいう「③　契約書締結」のフェーズにおける留意点は，「第3章　締結時の留意点」で詳しく説明します。

　さらに，「第4章　契約書の構成と文例」で一般的な契約書の構成と一般条項を中心とする具体的な契約条項例について解説した後，第5章以下で契約類型ごとの契約書作成・レビューのポイントを解説します。

●演習問題●

　第1章では，契約の基本的事項について解説しました。本書の記述内容ついての理解度を確認するため，章ごとに簡単な演習問題を用意しています。特に第1章は極めて基本的な事項になりますので，理解していない箇所がある場合には反復して学習することをお勧めします。以下，○か×か考えてみましょう。

① 　契約は，原則として，申込みと承諾によって成立する。

② 　申込みにおいては，契約内容を具体的に特定する必要はない。

③ 　契約を成立させるためには書面が必要であり，口頭のやりとりによって契約が成立することはない。

④ 　売買契約を取り交わす場合，当事者間で民法の規定に従う旨の合意をした場合のみ，民法の売買に関する規定が適用される。

⑤ 　1つの契約に適用される法律は1つであるとは限らない。

⑥ 　民法と商法の双方が適用される取引において，民法の規定と商法の規定が矛盾または抵触する場合，当該規定については，商法の規定が優先する。

⑦ 　法律の規定と契約の内容が矛盾または抵触する場合，常に契約が優先する。

⑧ 　「覚書」というタイトルの書面には，当事者を法的に拘束する効果はない。

答え：① ○，② ×，③ ×，④ ×，⑤ ○，⑥ ○，⑦ ×，⑧ ×

第 2 章

契約書レビューの作法

1　はじめに

(1)　本章の狙い

　契約書レビューは，企業の法務担当者にとっても弁護士にとっても最も一般的な業務類型の1つといってよいでしょう。

　そのため，企業の法務担当者や弁護士向けに書かれた契約書に関する書籍は世の中に多数存在しています[1]。もっとも，こういった法務担当者・弁護士向けの書籍の多くは，契約書業務の経験がない方，または，経験が乏しい方にはやや難しい内容となっているものが多い印象です。

　本章では，契約書業務の経験がない方，または，経験が乏しい方を想定し，そのような方が，これらの法務担当者・弁護士向け書籍を読んでその内容を十分に理解できるだけの**基礎的な知識**を解説することを1つの狙いとしています。

　また，契約書レビューに関する**実践的なノウハウ**を知ってもらうことが，本章のもう1つの狙いです。

(2)　留意点

　本章で解説する内容，特に実践的なノウハウに関する部分は，あくまでも一例を示すものです。企業や法律事務所ごとに異なったノウハウがあって当然であり，本書は，それらのノウハウを否定するものではありません。

　また，近年では，契約書レビューツールや契約書管理ツールも多く利用されるようになってきました。もっとも，どのようなツールを利用するかは，企業ごと，あるいは法律事務所ごとに異なります。したがって，本章では，できるだけこれらのツールの利用の有無にかかわらず共通して適用可能なノウハウを解説するように努めています。ただし，Microsoft Word（以下「Word」といいます）を使うことを前提としています。

1　たとえば，阿部・井窪・片山法律事務所編『契約書作成の実務と書式—企業実務家視点の雛形とその解説　第2版』（有斐閣，2019年）（以下「契約書作成の実務と書式」といいます）は，法務担当者や契約書業務を取り扱う弁護士の必携書と言っても過言ではないと思います。

契約書コラム①

法律業務におけるテクノロジーの活用

　近年，法律業務においても，契約書レビューツールを筆頭に，AIなどのテクノロジーを活用した業務支援ツールが増えてきました。また，ChatGPTをはじめとするAIチャットサービスを法律業務に活用する手法なども議論されています。

　企業の法律家としては，こういったテクノロジーによって助けられる部分もあるでしょう。また，一方で，こういったテクノロジーを使いこなせなければ淘汰されてしまう時代になっていくかもしれません。

　今後，法律家として仕事をしていくうえで，これらのテクノロジーにどのように向き合っていくかは，法律家として考えなければならない大きなテーマの1つでしょう。この点につき，筆者は，少なくとも現状のテクノロジーレベルを前提とする限り，以下のように考えています。

　テクノロジーの活用方法としては，①時間さえかければ自分でもできることをAIなどにやらせて効率化する場合と，②自分ではできないことをAIなどにやってもらう場合の2パターンがありえます。

　法律家として仕事をする場合，①のパターンであれば問題はない（むしろ，積極的に活用していくべきである）ものの，②のパターンは問題がある場合が多いのではないかと思います。自ら正確性の検証を行うことができないものを，そのまま成果物として用いるのは法律家の仕事とはいいがたいでしょう。

　したがって，法律家としては，従来と変わらない部分の能力（テクノロジーに関わらない部分の能力）を高めていくことは引き続き必要といえるでしょう。それに加えて，テクノロジーを使いこなす能力も求められるようになってくるはずです。つまり，これからの時代の法律家は，従来型の能力とテクノロジーを使いこなす能力の両方を伸ばすことが必要になって

くるということが予想されます。

　さらにいえば，これまでは，「自力でやる」以外の選択肢がなかったものが，テクノロジーを用いるという選択肢が増えたことで，必ずしも「自力でやる」必然性はなくなっていくことになります。このことは，これまでは意識しなくとも自然と身についたはずの能力が，今後は意識的に研鑽を積まないと身につかなくなる可能性が高いということを意味します。

　テクノロジーの発展は，長期的に見れば，法律家の仕事を楽にする可能性が高いと思います。一方で，短期的に見た場合，法律家にとってかえって大変になる部分もあるかもしれません。

2　契約交渉の流れ

　前述のとおり，契約書レビューは，「第1章　契約の基本的事項」で解説した「3　契約書締結までの流れ」「(2)　契約書締結までの流れ」でいう「①条件交渉」のフェーズで行われます。もっとも，大筋の取引条件については，事業部門担当者が行う商談において，取引の相手方とある程度合意ができている場合が多く，法務部門担当者は，より具体的な契約条件の交渉段階から関与する場合が多いでしょう（「契約交渉」という用語は多義的に用いられることのある用語ですが，本書では，この段階における具体的な契約条件の交渉を「契約交渉」と呼ぶことにします）。契約書レビューは，この契約交渉において行われます。一般的な契約交渉の流れは以下のとおりです。

　まず，契約当事者のいずれか一方（「甲」とします）が，交渉のたたき台となる契約書（以下「第一案」といいます。ファーストドラフトと呼ばれることもあります）を取引の相手方に提示します。対象となる取引が自社にとって定型的な契約類型の場合には，第一案として，自社で持っている契約書ひな形を提示する場合が多いでしょう。なお，その後の契約交渉においては，この第一案をベースに交渉が進むことになるため，基本的には，**自社で第一案を準備するほうが交渉を優位に進めやすくなる**場合が多いといえます。

　そして，取引の相手方（「乙」とします）が，甲の第一案をレビューし，レビュー後の契約書ドラフトを甲に提示します。これを受けた甲は，乙のレビュー後の契約書ドラフトを再度レビューする，といった作業を繰り返して，最終的な合意形成に至ります。

【一般的な契約交渉の流れ】

```
┌─────────────────────────────────┐
│ ①　甲による第一案の提示            │
└─────────────────────────────────┘
              ↓
┌─────────────────────────────────┐
│ ②　乙によるレビュー・修正案の提示   │
└─────────────────────────────────┘
              ↓
┌─────────────────────────────────┐
│ ③　甲によるレビュー・修正案の提示   │
└─────────────────────────────────┘
              ↓
┌─────────────────────────────────┐
│ ④　②〜③の繰り返し                │
└─────────────────────────────────┘
              ↓
┌─────────────────────────────────┐
│ ⑤　合意形成，契約書の締結          │
└─────────────────────────────────┘
```

3　ベースとなる契約書の準備

　では，たたき台のベースとなる契約書（第一案）はどのように準備するのでしょうか。準備方法としては，以下のようなものが考えられます。

(1)　自社のひな形

　自社ビジネスにおける日常的な取引であれば，自社のひな形がすでに存在しており，それを利用することが多いと思います。自社ひな形がまだ存在しない，または，古くなっている場合には，必要に応じて外部の弁護士を使いつつ，典型的に想定される取引の問題点を踏まえた自社ひな形を作成または改訂しておくべきでしょう。

　そのうえで，具体的な取引における個別事情がないようであればひな形をそのまま（代金などの可変的な部分のみ修正し），第一案として相手方に提示します。当該取引に何らかの個別事情がある場合には，その個別事情を反映した修正を加えたものを第一案として相手方に提示します。

　なお，自社のひな形について，ひな形作成時点において，その時点で想定できる問題点を網羅していたとしても，時間の経過とともに，新たな問題点が発生または発見される可能性があります。したがって，自社ひな形を用いる場合でも，次の「(2)　過去事例」で述べるような法改正，新たな判例の有無，社会情勢の変化などの事情を踏まえた修正が必要になる場合があることはいうまでもありません。

(2)　過去事例

　自社ひな形がない類型の取引の場合，自身で第一案を作成する必要があります。もっとも，全く一から契約書を作成するのは効率が悪く，また，クオリティを保つのも難しい場合が多いでしょう。

　そこで，自社における過去事例から参考となる契約書を探し，それを基に第一案を作成する方法が考えられます。ただし，過去事例をそのまま使えることは稀で，通常は，個別具体的な取引内容に合わせた修正を加えることが必要と

なります。

　その際，**過去事例の契約書が作成された当時から法改正がされていないか**（法改正を反映した契約書になっているか）は必ず確認しなければならない事項です。また，法改正に加え，その取引類型に関連する重要な判例が新たに出ていないか，社会情勢の変化（新型コロナウイルスなどの感染症の流行，コンプライアンス意識やSDGsへの関心の高まりなど）によって新たに手当てすべき点はないか，その当時から現在にかけて自社または自社業界が経験したこと（最近経験した訴訟や紛争など）を振り返って契約書に活かせる点はないかといった事項も確認しておくことが望まれます。

　さらに，**過去事例における自社の立場**（たとえば，売買契約の場合，売主側と買主側とでは注意すべき点が異なってきます）**を確認する必要**もあります。過去事例において自社が売主であるのに，現在想定している取引においては自社が買主であるという場合，その契約書をそのまま使うのはリスクが高いでしょう。加えて，過去事例と比較した場合の自社の交渉力や取引において重視すべきポイントにも差異があることが通常です。必要に応じて，当時の担当者へのヒアリングや過去事例資料の確認を行うことも有用でしょう。

(3)　書籍

　自社ひな形もなく，過去事例もない，または，それらのクオリティが低いような場合には，定評のある書籍から，現在取り扱っている取引と同種の類型の契約書ひな形を探し，それを基に第一案を作成する方法が考えられます。最近では，法律書も電子化されており，オンラインでの閲覧が可能なサブスクリプションサービス[2]などもありますので，そういったサービスを利用できる環境にいる場合には，適宜これらを活用するとよいでしょう。

　書籍を用いる場合も，「(2)　過去事例」を用いる場合と同様，書籍のひな形をそのまま使うのではなく，法改正の有無や取引における自社の立場など，事案に合わせた修正を加えることが必要となります。

2　LEGAL LIBRARY，BUSINESS LAWYERS LIBRARY など。

(4)　その他のサービス

　自社が契約書レビューツールを利用している場合には，同ツールのサービスとして，契約書ひな形が提供されている場合があります[3]。こういったサービスを利用できる環境にいる場合には，これらのひな形を使うことも考えられます。事案に合わせた修正を加える必要があるという点は，過去事例や書籍のひな形を使う場合と同様です。

(5)　インターネットで検索

　インターネットで同種類型のひな形を検索する方法も考えられます。たとえば，Google で「秘密保持契約　ひな形」という検索ワードを入力すると，「秘密保持契約　ひな形　経済産業省」のような形でサジェストが出てくるかもしれません。そして，「秘密保持契約　ひな形　経済産業省」で検索すると，経済産業省のウェブサイト「秘密情報の保護ハンドブック〜企業価値向上に向けて〜」（令和 4 年 5 月改訂版）のページ[4]をみつけることができるでしょう。このなかの「参考資料 2」には，「各種契約書等の例」が掲載されており，「第 4　業務提携・業務委託等の事前検討・交渉段階における秘密保持契約書の例」として，秘密保持契約書のひな形をみつけることができます。

　ただし，**インターネット検索する方法を用いる場合には，その内容が信用できるものであるかどうか注意が必要**です（一般論として，官公庁のウェブサイトに記載されている情報は信用性が高いといえます。また，弁護士によって書かれたものは比較的信用性が高い場合が多いとは思いますが，それだけでただちに信用できるとは言い切れません）。インターネットで検索する方法は，それを行う側に一定のリテラシー（法的素養）が必要であり，少なくとも，契約書レビューの経験が乏しいうちは避けたほうがよいでしょう。

3　GVA assist，LegalForce など。
4　https://www.meti.go.jp/policy/economy/chizai/chiteki/pdf/handbook/full.pdf

⑹　契約書をストックしておく

　契約書レビュー業務を行うにあたって，同種類型の他の契約書を参考にすることは非常に有用です。

　日頃から「良い」と思った契約書は，契約書類型ごとにストックしておいて，すぐに参照できるように整理しておくとよいでしょう。

⑺　プロパティに注意

　過去事例の契約書を用いる場合など，自社ひな形以外の契約書を基にする場合には Word のプロパティに注意してください。

　該当する Word ファイルにカーソルを合わせて右クリック，または，「ファイル」タブにある「情報」を選択することで，プロパティ情報を確認することができます。**相手方に契約書案を送付する前に，プロパティに余計な情報が含まれていないかを確認する**ようにしてください。特に問題となるのは，「作成者」情報です。この「作成者」に他社や他事務所の名前，自社の旧社名が入っている場合には，きちんと修正したうえで相手方に送付する必要があります。

4　契約書レビューの目的

　ここからは，契約書レビューの具体的な説明に入っていきます。まずは，契約書レビューの目的を確認しましょう。

(1)　目的概観

　契約書レビューの目的は様々ですが，主な目的としては，以下の5つを挙げることができます。

- 当事者の意向を反映する
- 自社にとって不利にならないようにする
- 適法性を確保する
- 紛争を予防する
- 実効性を確保する

　以下，個別に詳述します。

(2)　当事者の意向を反映する

　上述のように，契約書レビューは，典型的には，「第1章　契約の基本的事項」で解説した「3　契約書締結までの流れ」「(2)　契約書締結までの流れ」でいう「①　条件交渉」のフェーズで行われます。つまり，実現したい取引がまずあって，その条件交渉の一環として契約書レビューが行われるのです。そして，最終的には代表取締役などの決裁権者の決裁を経て契約が締結されることになるとしても，一定の重要な契約を除けば，（当該決裁権者自身ではなく，）取引を担当する事業部門担当者が主としてその取引をリードする立場にあることが多いでしょう。

　したがって，ここでいう「当事者の意向」とは，典型的には，取引を担当している事業部門担当者の意向を指します。そして，事業部門の担当者は，必ずしも法律に精通しているわけではないため，その意向を法的に正しい言葉で説

明してくれるとは限りません。

　法務担当者に求められるのは，このような事業部門担当者の「生の意向」を法的な文言に置き換えることです。たとえば，事業部門担当者の「この建物を売りたい」という生の意向を，法務担当者は，「甲は乙に対し，別紙物件目録記載の建物を売り渡す」という法的な文言に置き換えるのです。その意味で，法務担当者の仕事は，翻訳に近い部分があるといえるかもしれません。

　ここで重要なことは，当事者の意向を「正確かつ明確に」反映することです。「正確かつ明確に」というのは，「当事者が意図した意味内容以外の意味で解釈されるおそれのない文言で」と言い換えることもできます。「第1章　契約の基本的事項」の「2　契約書とは？」「(2)　契約書作成の目的」で述べたとおり，契約書は，裁判などの紛争となった場合に，当事者の合意内容（契約内容）がどのようなものであったかを示す証拠としても機能します。当事者が意図した意味内容以外の意味に解釈されてしまうような契約書では，紛争時の証拠としての機能を十分に果たすことはできないのです。

　また，法務担当者は，事業部門担当者から言われたことだけを反映（受動的な意向反映）すれば足りるのではなく，当該取引において当事者が意図する目的を実現するために必要な検討事項や検討課題を洗い出し，事業部門における検討を促すこと（能動的な意向確認）も求められます。やや発展的な話になるかもしれませんが，法務担当者は，様々な事業部門の取引に横断的に関わっていることが多く，法務担当者が，他の事業部門に関する案件で経験した法的論点につき横展開を行うことで，企業全体としての意思決定レベルを高めることが可能です。このような「ハブ」としての機能を果たすことも法務担当者の重要な役割の1つといってよいでしょう。なお，法務担当者がこの機能を果たすことは，「(2)　当事者の意向を反映する」場面のみならず，「(3)　自社にとって不利にならないようにする」「(4)　適法性を確保する」「(5)　紛争を予防する」「(6)　実効性を確保する」場面においても重要です。

(3)　自社にとって不利にならないようにする

　契約書を，自社にとって不利にならないようにすることは，契約書レビューにおいて最も重要な作業の1つです。

　「不利」というのは，法的に不利なもののみならず，ビジネス上不利なものを含みます。そのため，法務担当者には，できるだけビジネスに精通するように日頃から情報収集に努めることも求められます。社内的な役割分担として，法務担当者にビジネス上の判断は必ずしも求められていないという場合もあると思いますが，類似のビジネスにおける一般的な契約条件よりも自社に不利な条件とされている部分については，（必要に応じて，「ビジネス判断の部分ではございますが」などの留保をつけつつ，）この条件で進めてよいかを事業部門担当者に（本章の「5　契約書レビューの形式」で述べる「(4)　内部コメント」を用いるなどの方法で）確認しておくべきでしょう。

　一方で，とにかく自社に有利にすればそれでよいというものでもありません。あまりに有利すぎるものは，強行法規に反し無効となる可能性があり（そのため，後述の「適法性を確保する」という観点からも不適当といえます），結果として自社にとって有利な条件とはならない場合があります。たとえば，損害賠償について定める条項について自社のみを賠償責任から完全に免責させる条項や相手方からの解約に著しく高額な違約金を設定する条項は，自社にとっては一見有利なものにみえますが，公序良俗（民法90条）や信義則（民法1条2項），消費者契約（消費者契約法2条3項）に該当する取引であれば消費者契約法（同法8条，9条，10条）などに反して，無効となりうるものです。また，強行法規違反とはいかないまでも，一方当事者に有利すぎる定め方をしてしまうと，そのことが原因で契約の相手方との関係が悪化してしまったり，最悪の場合には取引自体が破談になってしまったりといった可能性も考えられます。交渉窓口となる事業部門担当者は，交渉における争点が増えること自体を嫌がる場合も多いでしょう。契約の相手方が今後も継続的に取引を行うビジネスパートナーである場合にはなおさらです。法務担当者には，円滑に交渉やビジネスを進めることができるよう，絶妙なバランスを探っていくことが望まれます。

(4)　適法性を確保する

　契約書レビューにおいては，実現しようとしている取引が適法なものかどうかを確認することも必要です。便宜上，「適法性」と表現していますが，確認

の対象には，法規のレベルまではいかない業界基準なども含まれます。さらには，社内規則や自社が締結している他の契約との抵触の有無も確認する必要があります。

　確認する対象は，①**取引自体の適法性**と②**個別の条項の適法性**に分けられます。また，一定の契約類型においては，その契約で定めなければならない事項が法定されている場合がありますので，そのような契約類型の場合には，③**法定の記載事項に漏れがないか**を確認する必要があります。さらに，書面で行うことが要求されている保証契約（民法446条2項）のように，④**形式面，手続面の適法性**を確保しなければならない場合もあります。

　まず，①**取引自体の適法性**については，実現しようとする取引がそもそも違法や無効である場合にはその取引自体を中止させる，あるいは，適法なスキームに変更する必要があります。例として，愛人契約で説明します。愛人契約は，公序良俗（民法90条）に反して無効になるため，法務担当者としては，このような契約をすること自体をやめさせるのが正しい判断でしょう。もっとも，実務上，愛人契約が問題となることはほぼありません。実務上で問題となることが多いのは，その取引が業法規制の対象となる場合でしょう。たとえば，貸金業登録をしていないにもかかわらず業としてお金を貸す行為は貸金業法違反となります。法務担当者としては，事業部門担当者がそのような取引をしたいと言ってきた場合には，取引を中止させるか，あるいは，適法な代替スキーム（例として，投資契約）を用いて当事者が達成したい目的を実現できないかを検討することが必要となります。

　次に，②**個別の条項の適法性**については，強行規定に反する契約条項がないかを確認し，そのような条項がある場合には，強行規定に適合する形に修正する必要があります。たとえば，販売店契約（たとえば，メーカーが小売業者である販売店に自身の商品を販売してもらうことを内容とする契約）そのものはもちろん適法です。しかし，同契約において，販売店の小売価格を拘束するような条項がある場合，それは，独占禁止法[5]が禁止する「不公正な取引方法」

5　私的独占の禁止及び公正取引の確保に関する法律。本書では，「独占禁止法」といいます。

となる再販売価格の拘束に該当する可能性があります（独占禁止法19条，2条9項4号）。そのため，その条項を修正する必要があるかどうかを検討することが必要になります。

　さらに，一定の契約類型においては，その契約で定めなければならない事項が法定されています。たとえば，吸収合併契約（例として，存続会社が株式会社である場合の吸収合併契約の場合の会社法749条）などがその例です。このような契約類型の場合には，**③法定の記載事項に漏れがないかを確認する必要**があります。

【会社法749条】

> 　会社が吸収合併をする場合において，吸収合併後存続する会社（以下この編において「吸収合併存続会社」という。）が株式会社であるときは，**吸収合併契約において，次に掲げる事項を定めなければならない。**
> 一　株式会社である吸収合併存続会社（以下この編において「吸収合併存続株式会社」という。）及び吸収合併により消滅する会社（以下この編において「吸収合併消滅会社」という。）の商号及び住所
> （以下省略）

　最後に，**④形式面，手続面の適法性**の確認として，法令上要求される要件がないかを確認します。

　たとえば，保証契約は，「書面でしなければ，その効力を生じない」とされており（民法446条2項），「書面」という形式を守る必要があります。特に，近年，電子契約が急速に普及し，紙（書面）の契約書を作成しない場合も増えてきましたが，**紙の契約書を作成する必要がないか**には注意が必要です。書面によることが要求されている場合でも，電磁的記録で代えられる旨が規定されている場合（保証契約については，民法446条3項）には電子契約でも問題ありませんが，そのような規定がない場合には，紙の契約書が必要になります。近年，主な契約書については，電子契約のみで対応できるように法改正が進められましたが，一部の契約については，書面が要求されるものがまだ残っているようです。

　また，一部の契約については，電子契約を利用すること自体は認められているものの，電子契約を利用することについて相手方の承諾を得る必要があるなど，一定の要件を満たすことが要求されている場合があります（例として，建設工事の請負契約についての建設業法19条3項，同施行令5条の5，同施行規則13条の4〜6や下請法[6]3条1項に基づく書面（いわゆる「3条書面」）についての同法3条2項，同施行令2条1項，下請代金支払遅延等防止法第三条の書面の記載事項等に関する規則3条など[7]）。

　さらに，契約によっては，公正証書が必要な場合もあります（例として，事業に係る債務の保証契約についての民法465条の6第1項）。

(5)　紛争を予防する

　「第1章　契約の基本的事項」「2　契約書とは？」「(2)　契約書作成の目的」でも述べたとおり，言葉というのは，常に自分が意図したとおりに相手方に伝わるとは限りません。契約書レビューは，自社側の意図や認識を正確に記載することによって，**契約当事者間の認識の相違点を明らかにし，共通認識を醸成していく作業**でもあります。契約当事者間における認識の相違点が明らかになれば，条件交渉において，認識のずれを解消する話し合いを持つことができます。これは，将来的に契約当事者間の認識の相違によって生じるかもしれない紛争を予防することにつながります。

　また仮に，将来どこかの時点で，契約当事者間に認識の相違が生じた場合にも，契約書が正確に書かれていれば，契約書を参照することによって認識の相違を解消することができるかもしれません。その意味で，「当事者の意向を反映する」で述べたとおり，当事者の意向を「正確に」反映しておくことは，紛争予防の観点からも重要です。

　さらに，契約当事者間で何か問題が生じた場合，契約書にその問題の処理方法が書いてあれば，それに従った解決ができるという場合もあります。反対に，問題の処理方法が書いていないがゆえに，当事者間の紛争が大きくなり，訴訟

6　下請代金支払遅延等防止法。本書では「下請法」といいます。
7　公正取引委員会ウェブサイト「下請取引における電磁的記録の提供に関する留意事項」（https://www.jftc.go.jp/shitauke/legislation/denjikiroku.html）も参照のこと。

などに発展しやすくなるということもあります。したがって，契約書レビューにおいては，**将来生じうる問題を想定し，その問題が顕在化した場合の処理方法・対応策を契約書に定めておくことが**，紛争予防の観点から有効な手段となります。

　なお，一部の事業部門担当者は，交渉をスムーズに進めることを優先するあまり，細かな契約条件を定めることを嫌う場合があります。そのため，法務担当者の立場にいると，事業部門担当者から，話し合いが難航することが予想される事項について，「別途協議するものとする」というような具体的な処理方法を定めない条項にできないかという相談を受けることがしばしばあります。たしかに，具体的な処理方法を定めずにいたほうが，話し合いがスムーズに進む場合は少なくないと思います。しかし，**実際に問題が起きてしまってからその問題を解決することは，問題が生じる前に処理方法を合意しておくよりもはるかに難しい場合が多い**でしょう。したがって，法務担当者としては，事業部門担当者とよく話し合い，契約書において，きちんと問題が生じた場合の処理方法を具体的に定めておくことが望ましいといえます。

(6)　実効性を確保する

　契約書において法的なリスクを完璧に手当していたとしても，**契約書に定められている内容が実際の運用においてワークしないものであればその手当をした意味がありません。**

　たとえば，秘密保持条項において，秘密情報の定義を，「開示の際に秘密である旨を明示した情報」とすることは法的観点からは問題ありませんが，事業部門において，取引の相手方に情報を出す場合に，「秘密である旨を明示」する運用が採られない場合，この条文は骨抜きになってしまいます。**契約書の実効性を確保すること，とりわけ事業部門における実行可能性の確保も契約書レビューにおける重要な目的の1つ**といえます。

5　契約書レビューの形式

(1)　はじめに

　契約書レビューの形式面については，企業ごと，法律事務所ごと，場合によっては担当者ごとに異なる方法を採用しているといったことが珍しくないと思います。

　以下では，一般的な方法の1つを解説していますが，当然ながらこれ以外の方法を否定する趣旨ではありません。

(2)　Word の変更履歴を用いる

　契約書レビューにおいて，契約条項を修正する場合には，Word の「校閲」タブにある「変更履歴」の「変更履歴の記録」を使って修正するのが一般的です。

　まれに，一見すると「変更履歴」を使ったかのように見えるものの，実は，「取り消し線」を使用したうえで文字色を変更することによって，「変更履歴」を使ったかのように修正している契約書を見かけることがありますが，以下の理由からこの方法はお勧めできません。

- そもそも，取り消し線を使用して文字色を変更するという工程が「変更履歴」を使うより工数が多い（余計な手間と時間がかかる）
- (後述の「(9)　比較機能」で言及する) 比較をかけても修正箇所がわかりにくい
- 修正を反映するのが大変（後述の「(10)　クリーン版の作成」で言及する変更履歴の「承諾」「反映」ができないため，1つずつ手直しする必要がある）

　なお，変更履歴を残す場合には，誰が変更したものかについても履歴を残すことが一般的です（変更した者の個人名を出すか，企業名や事務所名の表示とするかは，企業・法律事務所によって異なります。「校閲」タブの「変更履

歴」から「ユーザー名の変更」をすることによって，表示名を変更できます）。まれに，誰が変更したかわからなくなるように個人情報を削除する（ファイルを保存すると，ユーザー名が「作成者」となり，変更履歴の色分けが１つの色に統一される）設定になっている場合がありますが，「ファイル」タブの「オプション」→「トラストセンター」→「トラストセンターの設定」→「プライバシー　オプション」で「ファイルを保存するときにファイルのプロパティから個人情報を削除する」のチェックを外すことによって，この設定を解除できます。

(3)　コメント

修正した箇所につき，**修正意図の説明や契約の相手方への確認事項**などをコメントします。コメントの形式については，大きく分けて２つの方法があります。

> ①　Wordの「コメント」機能を使う
> ②　契約書本文中に【　】で書く

いずれかの方法が絶対的な正解というようなものではありませんので，基本的には所属企業や所属事務所，または上司の採用している方法に従えばよいと思います。

(4)　内部コメント

コメントは，大きく分けて，①契約の相手方に向けたコメントと②内部（典型的には，担当する事業部門担当者[8]）に向けたコメントの２種類に分けられ

8　ここでは，「内部コメント」について，担当する事業部門担当者向けのコメントを想定しています。もっとも，１つの契約書に複数の法務担当者または複数の弁護士が関与する場合，別の法務担当者や弁護士（典型的には上席の法務担当者またはパートナー弁護士や先輩弁護士。まとめて「上司」といいます）向けの内部コメントを付すことがあります。上司向けの内部コメントについては，「契約書コラム③　上司向けコメントの留意点」を参照してください。

ます。

　内部コメントには，（契約の相手方に伝えることが適切ではない）**修正意図の説明**のほか，**法務部門担当者から事業部門担当者への確認事項**，（事業部門担当者にとって一読して理解が難しいと思われる）**契約条項の意味の説明，予想される今後の展開**などを記載します。

　内部コメントに関してよく生じがちなミスとして，事業部門担当者によるチェック漏れや削除忘れによって，**内部向けコメントが記載されたままの契約書が契約の相手方に送付されてしまう**ということがあります。このような事態を防ぐためには，以下のような対策が考えられます。

- コメントに（内部向け）など，内部コメントであることがわかる記載をしておく
- 相手方に向けたコメントと内部に向けたコメントで，Word で用いる蛍光ペンの色を変える
- 内部向けコメントのない相手方送付用 Word ファイルを，内部向けコメントのある Word ファイルとは別で作成する

---

(5)　実例

　Word の変更履歴で修正し，①契約の相手方向けコメントと②内部向けコメントを入れた例は，次ページ以降のとおりです。

　この例は，甲による第一案の提示があり，それを乙の立場からレビューしたもの（本章の「2　契約交渉の流れ」でいう，「②　乙によるレビュー・修正案の提示」）です。なお，「コメント」に関し，この実例では，Word の「コメント」機能ではなく，契約書本文中に【　】で書く形としています。

＜契約書レビューの形式の実例＞

業務委託契約書

　甲株式会社（以下「委託者」という。）と　乙株式会社（以下「受託者」という。）とは，清掃業務の委託に関して，次のとおり契約（以下「本契約」という。）を締結する。

第1条（目的）
　本契約は，委託者が清掃にかかる業務を受託者に委託し，受託者がこれを受託することに関する事項を定めることを目的とする。

第2条（定義）
　本契約で用いる以下の用語は，それぞれ以下の意味を有する。
　一　「秘密情報」とは，本契約の遂行により知り得た相手方の技術上又は営業上その他の一切の情報をいう。
　二　「本業務」とは，本契約に基づき，委託者が受託者に対して委託する清掃にかかる業務をいい，その具体的内容は，別紙のとおりとする。【（内部向け）幅野→担当者様：別紙内容で抜け漏れがないか，また，当社として想定していない業務が含まれていないかご確認ください】
　三　「本成果物」とは，本業務の成果として，受託者が委託者に対して納入する有体物及び無体物をいう。【乙：第9条（知的財産権の帰属等）に関連して定められておりますが，第9条を削除させていただいた関係でこちらも削除させていただきました。第9条の削除につきましては，第9条にコメントさせていただきましたので，そちらをご確認ください】

第3条（本契約の性質）
　委託者及び受託者は，本契約が準委任契約であることを確認する。

第4条（本業務の委託・遂行）
1．委託者は，受託者に対し，本業務を委託し，受託者はこれを受託する。
2．受託者は，関係諸法令を遵守の上，善良な管理者の注意をもって本業務を遂行する。

第5条（委託期間）

　本業務の委託期間は，2024年1月1日から2024年12月31日までとする。【(内部向け) 幅野→担当者様：業務期間につき，想定している内容と齟齬がないかご確認ください】

第6条（業務委託料）

1．本業務に係る業務委託料は，月額金300,000円（税別）とする。【(内部向け) 幅野→担当者様：金額につき，想定しているものと齟齬がないかご確認ください】

2．本業務の遂行のために必要となる諸費用は，別途合意した場合を除き，受託者が負担する。【(内部向け) 幅野→担当者様：業務に伴う費用につき原則当社負担となっています。元々その想定で業務委託料を定めている認識ですが，認識に誤りがあればご教示ください】

3．受託者は委託者に対し，毎月末日を締め日として，翌月10日までに，前月分の業務委託料に消費税及び地方消費税を加えた金額の請求書を送付するものとし，委託者は，請求書受領後10日以内に，下記の銀行口座に振り込む方法によりこれを支払う。【乙：口座情報を追記しましたので，こちらにお振込みをお願いいたします】振込手数料は，委託者の負担とする。【乙：振込手数料はご負担願います】

記

　　　丙銀行丙支店　普通預金口座
　　　口座番号：1234567
　　　口座名義：乙株式会社（オツ（カ）

第7条（業務内容の変更）

　委託者及び受託者は，協議の上，書面による合意により本業務の内容を変更することができる。この場合，本業務の変更内容に応じて，協議の上，第5条の委託期間及び第6条の業務委託料を変更することができる。【乙：変更の合意をしたことが明確になるよう，変更は，書面による合意で行う形とさせていただければと思います】

第8条（報告）

1．受託者は，委託者の求めがある場合にはいつでも，本業務の遂行状況その他本業務に関して委託者が請求した事項（ただし，受託者の技術上又は営業上その他の業務上の秘密にあたるものを除く。）につき，遅滞なく委託者に報告しなければならない。【乙：報告のタイミング・事項について，明確化させていただきました】

【（内部向け）幅野→担当者様：報告義務の規定が抽象的で，当社が過度または広範な義務を負い得る文言でしたので，修正しています。本来であれば，報告に応じる項目や期間をより明確に規定することが望ましいですが，報告を求められるあらゆる場面を想定して詳細な規定を置くことは難しいと思いますので，最低限，業務上の秘密を報告対象外とする修正を行っています】

2．委託者は，前項の報告を受けた結果必要と認める場合には，受託者に対し，合理的な範囲で本業務の遂行方法その他本業務に関する事項につき改善を求めることができる。

第9条（知的財産権の帰属等）【乙：本業務は通常の清掃業務であり，特に知的財産権の発生は想定していないため，削除させていただきました】【（内部向け）幅野→担当者様：通常の清掃業務であり，特に知的財産権が発生するようなものではないと理解しております。本件において特殊な事情等ございましたらお知らせください】

~~1　本成果物について生じ又は本業務の過程で生じる発明，考案又は創作について，特許権，実用新案権，意匠権，商標権，著作権又は著作隣接権（著作権法第27条及び第28条の権利を含む。）等の知的財産権（以下「知的財産権」という。）は，委託者に帰属する。~~

~~2　受託者は，委託者が本成果物その他の本業務の遂行の結果を利用することについて，著作者人格権を行使しない。~~

~~3　受託者は，本成果物が第三者の知的財産権を侵害していないことを委託者に対して保証し，万一，委託者による本成果物の利用に関して第三者との間で知的財産権の侵害を理由とする紛争が発生した場合には，自らの責任と負担によりこれを解決するものとし，当該紛争に起因して委託者に生じたすべての損害を賠償する。~~

第9~~10~~条（再委託の禁止）

1．受託者は，委託者の書面による事前の承諾がある場合を除き，本業務を第三者に再委託することはできない。【（内部向け）幅野→担当者様：本件において，再委託の予定はないという理解でよろしいでしょうか？】

2．前項の承諾を得て本業務の全部又は一部を第三者に再委託する場合，受託者は，当該再委託先との間で，再委託にかかる本業務を遂行させることについて，本契約に基づいて受託者が委託者に対して負担するのと同等以上の義務を，再委託先に負わせる契約を締結しなければならない。また，受託者は，再委託先の履行について自ら業務を遂行した場合と同様の責任を委託者に対して負う。

第10~~十~~条（秘密保持）【（内部向け）幅野→担当者様：本件に関して，当社から開示が想定される秘密情報はございますか？また，今回の清掃業務の場所・態様に照らして，相手方の秘密情報を知ってしまう可能性はございますか？もしその可能性があるのであれば，相手方から秘密保持義務違反を問われないために，その秘密情報を当社内でどのように管理するかなどを相談させてください】

1．委託者及び受託者は，秘密情報を，事前に相手方の書面による承諾を得ることなく，第三者に開示又は漏洩してはならず，本契約の遂行以外の目的に使用してはならない。ただし，次の各号のいずれか一つに該当する情報についてはこの限りではない。

　　一　開示を受けたときに既に自ら所有していたもの。
　　二　開示を受けたときに既に公知であったもの。
　　三　開示を受けた後，自己の責によらず公知となったもの。
　　四　正当な権限を有する第三者から秘密保持義務を負うことなく適法に入手したもの。
　　五　相手方から開示を受けた情報によらず独自に開発したもの。

2．前項にかかわらず，委託者及び受託者は秘密情報のうち法令の定めに基づき開示すべき情報を，当該法令の定めに基づく開示先に対し，必要最小限の範囲に限って開示することができる。

3．本条の規定は，本契約終了後1年間存続する。

（以下省略）

　実例中,「【乙：】」で記載している部分が,契約の相手方向けコメントです。
「乙」の部分には,通常,コメントをした当事者名（企業名）の略称（法律事
務所によるレビューの場合には法律事務所名の略称）を入れることが多いです。
また,特に複数の当事者が関わる契約の場合には,「【乙→甲様：】」のように,
誰から誰に向けたコメントなのかを明確にすることが一般的です。

　また,実例中,「【（内部向け）幅野→担当者様：】」で記載している部分が内
部向けコメントです。「担当者様」の部分には,通常,事業部門名またはその
担当者の名前を記載します。

　Wordの「蛍光ペン」（または「塗りつぶし」）機能を使い,契約の相手方向
けコメントと内部向けコメントで蛍光ペンの色を使い分けるなど,誰に向けた
コメントなのかが一目でわかりやすくなるような工夫をするとよいでしょう。

(6)　複数回修正する場合の工夫

　「2　契約交渉の流れ」で示したように,契約当事者間において,「契約書レ
ビュー・修正案の提示」が複数回往復する場合があります。この場合,現在の
修正案にそのまま新たな修正案（コメント・変更履歴）を書き込むと,1つの
契約書ファイル内に,過去のコメント・変更履歴と新しいコメント・変更履歴
が混在してしまい,契約書が見づらくなってしまいます。

　これを防ぐために,解決済みとなったコメントを削除（または解決済みと）
し,いったんその時点までの変更履歴を「反映」することで,新しい（未解決
の）コメント・変更履歴のみが残るようにする方法もありますが,この方法だ
と,これまでの修正の経過を確認するためには,過去のファイルをいちいち参
照しなければならなくなります。

　そこで,変更履歴をすべて残したままにしつつも,**新たにコメントや修正を
した箇所がどの部分であるかをわかりやすくするために,Wordの「蛍光ペ
ン」（または「塗りつぶし」）機能を用いて色分けをする**ことがよく行われます。
たとえば,1回目のコメントには黄色[9],2回目のコメント・修正箇所には水

　9　1回目の修正箇所については,変更履歴から明らかであるため,あえて蛍光ペンなどを
　引かない場合が多いと思います。

色，3回目のコメント・修正箇所には黄緑色の蛍光ペンを用いるといったような具合です[10]。そのうえで，契約の相手方に契約書修正案を送付する際に，「今回新たに修正，コメントした箇所には水色マーカーを引いております。」と添えれば，相手方にとっても，今回新たに行ったコメント・修正箇所がわかりやすくなります。

　なお，過去に自分が行った修正箇所をさらに修正する場合，そのまま修正すると変更履歴が上書きされてしまい，修正の経過がわからなくなってしまいます。この場合には，「変更履歴」から**「ユーザー名の変更」**を行い，一度目の変更履歴とは違うユーザー名で変更履歴を残すことで，修正の経過をわかるようにしておくことができます。

⑺　複数当事者が関与する場合の工夫

　複数当事者が関与する契約書の場合，複数の人が行ったコメント・変更履歴が混在することになります。そのため，**どの当事者がコメント，修正した箇所かをわかりやすくするために，同じく，蛍光ペンなど**がよく使用されます。

　そのうえで，たとえば，「当社が行ったコメント，修正箇所には水色マーカーを引いております。」と添えて契約書ドラフトを他の契約当事者に送付すれば，自身が行ったコメント・修正箇所が他の当事者にとってもわかりやすくなります。

⑻　パスワード

　企業や法律事務所における運用や案件の種類にもよりますが，契約書のWordファイルにパスワードをかける場合があります。企業によってはWord以外で何らかのセキュリティツールを用いている場合もありますので，その場合にはそれを利用します。そういったセキュリティツールがない場合には，WordについているパスワードＷ能の利用が可能です。Wordの「ファイル」タブにある「情報」→「文書の保護」→「パスワードを使用して暗号化」でパスワードをかけることができます。

10　コメント部分と修正箇所部分で別の色を用いる場合もあります。

⑼　比較機能

　まれに契約の相手方が変更履歴をつけることなく，契約書を修正してくる場合があります。Wordの「校閲」タブに「比較」機能がありますので，前バージョンとの比較を取ることで，修正箇所を把握することができます。

　契約書管理ツールを利用している企業の場合には，このような差分比較機能がついたツールも存在します[11]ので，それらの機能を使うことで，Wordの比較機能を代替することもできます。

　なお，変更箇所を伝えることなく契約書の文言を変更することは，相手方との信頼関係を破壊しかねない行為であり，避けるべきです。

　また，比較機能は，契約書の修正に際してWordの変更履歴をつけ忘れてしまった場合などにも有用です。修正前の契約書と修正後の契約書を「比較」することによって，修正した部分に変更履歴がつきますので，変更履歴をつけて修正したのと同じ状態のWordファイルを作成することができます。

⑽　クリーン版の作成

　契約当事者間で合意を形成できた場合には，変更履歴やコメントのない契約書（クリーン版）を作成します。

　変更履歴の反映は，「校閲」タブの「変更箇所」→「承諾」→「すべての変更を反映」から，一度にすべての修正を反映することができます。また，誤りが生じないように，1つずつ確認しながら反映していくほうがよい場合もあるでしょう。

⑾　その他のWord機能

　上記に挙げた以外にも，Wordには契約書作成・レビューにおいて有用な機能が搭載されています。これらの機能を用いることで，業務を効率化することや，誤りが生じる可能性を下げることができるでしょう。

　たとえば，「ホーム」タブの「編集」にある「検索」を使うことで，探した

11　Hubble，LegalForceなど。

いワードを検索することができます。この「検索」機能は，契約書作成においては，多用する機能の1つで，たとえば定義語を探すときなどに便利です。また，同じく「ホーム」タブの「編集」にある「置換」を用いることで，特定のワードを別のワードに置き換えることができます。この「置換」機能は，たとえば「および」と「及び」が混在しているような，いわゆる表記ゆれを直すときなどに便利です。ただし，「置換」機能を用いる場合には，本来置換すべきではないワードを置換してしまうことのないように注意が必要です。たとえば，契約書の「甲」と「乙」が逆になっている場合，「甲」を「乙」に一括して置換してしまうと，当事者の記載がすべて「乙」になってしまいます。このような場合には，「甲」をいったん別のワード（実際の当事者名など）に置き換えてから，「乙」を「甲」に置換し，当該別のワードを「乙」に置換するとよいでしょう。

　さらに，「ホーム」タブの「段落」にある「アウトライン」機能を使うことで，条文番号を自動的に生成してくれるように設定することができます。これは，条文番号の重複やずれが生じるのを防ぐことにもつながります。

　加えて，「挿入」タブの「リンク」にある「相互参照」機能を使うことで，存続条項（残存条項）など，他の条項番号に言及している条項をレビューする際に，いちいち画面を上下することなく一気にリンク先に飛ぶことができます。また，元となる条項番号が変更されている場合，「フィールド更新」または「F9」によって，変更を反映することも可能です。

契約書コラム②

Word 以外で契約書が来た場合どうする？

　ここまで述べてきたとおり，契約書レビューにおいては，Word の機能を多用することになります。

　では，PDF などの Word ファイル以外の形式で契約書が来た場合にはどうすればよいのでしょうか？　対応方法としては，以下のようなものが考えられます。

---

①　Word ファイルで送ってもらうように契約の相手方に要求する

②　OCR（Optical Character Recognition/Reader，光学的文字認識）ソフトを用いて Word ファイルに変換する

③　契約書についての修正要望箇所やコメントを，契約書とは別の Word ファイルに書き出す方法でレビューする

　基本的には，①の方法でよいと思います。

　契約の相手方が，「修正を一切受け付けない」という趣旨で，PDF で送ってくる場合もありますが，単純に「Word で送る必要があると思っていなかった」だけという場合もあります。

　また，「Word で送ってほしいという要望が失礼なのではないか」という心配をする人もいるかもしれません。しかしながら，契約交渉において，Word ファイルでやりとりをするのは，少なくとも現在の実務上，極めて一般的なやり方であって，それを要求することは何ら失礼ではないと思います（少なくとも筆者の感覚では，PDF で契約書を送るほうがよっぽど失礼です）。堂々と Word ファイルを要求しましょう。

　なお，筆者は，Excel で作成された契約書も複数見たことがありますし，また，かなりまれではあると思いますが，PowerPoint で作成された契約書もあると聞いたことがあります。短い契約書であれば，Excel に直接書

き込む方法でレビューをしても特段問題がない場合もあると思いますが，適宜③の方法などで対応するほうが望ましいという場合もあると思います。このあたりは，状況に応じて臨機応変に対応していくほかないでしょう。

契約書コラム③

上司向けコメントの留意点

　「内部コメント」の脚注でも述べたとおり，1つの契約書のレビューに複数の法務担当者または複数の弁護士が関与する場合があります。特に，新人法務担当者や新人弁護士が契約書をレビューする場合には，上席の法務担当者やパートナー弁護士，先輩弁護士（以下，まとめて「上司」といいます）が上に付く場合が多いでしょう。

　このような場合，「内部コメント」として，事業部門担当者向けコメントとは別に，上司向けのコメントを付すことがあります。上司向けコメントをするに際しては，当然，事業担当者向けコメントをするのとは違った配慮が必要になります。

　まず当然ですが，法的素養のある人に向けた内部コメントをすることになりますので，法的な理解があることを前提にコメントして構いません。

　また，修正箇所が法的な解釈を含むような場合には，そのような修正をした意図（または，後述のとおり，修正しなかった意図）について，できるだけ出典（参考文献やウェブサイトのURL）を明らかにするべきでしょう。なお，その際，単にその文献名と該当ページを示すだけではなく，それらをプリントアウトしたうえで該当箇所にマーカーを引いたものをデスクに置いておく（または，PDFなどにデータ化したうえで，メールやチャットに添付する）というようなちょっとした工夫によって，上司の手間や負担を減らすことができます。

　最後に，上司向け内部コメントにおいて意識しておくべきことは，修正“しなかった”意図（修正しないという結論に至った思考過程）もきちん

と説明しておくことを心がけるということです。修正意図が自明である場合を除き，修正"した"意図を説明しない人はいないと思いますが，修正"しなかった"意図が説明されていないことは比較的多くあるように思います。「修正するか否か悩んだ末に結局修正しなかった」というような場合にも，そこには何らかの悩みの種があるはずで，それは上司においてもきちんと検討されるべき場合が多いでしょう。コメントが何もされていないことによって，上司がその部分をきちんと検討することなく読み飛ばしてしまう可能性もあります。また，何もコメントされていないことで，「十分な検討がされていない」と思われ，あなたの評価を下げてしまう可能性もあるでしょう。このようなことのないよう，上司向け内部コメントにおいては，修正"しなかった"意図も説明することを意識しましょう。

6　レビューにあたっての留意点

(1)　はじめに

　契約書レビューにあたっては，「4　契約書レビューの目的」で記載した目的を意識して行うことになります。ここでは，契約書レビューを行うにあたってのより具体的な留意点を解説します。なお，解説においては，相手方が第一案を準備してきた場面を典型的な場面として想定しています。

(2)　直しすぎない

　経験の浅い法務担当者や新人弁護士にありがちな傾向として，「細かく直しすぎる」という点があります。法的効果に影響がある部分に問題がある場合にその点をきちんと直さなければならないことはいうまでもないですが，**「好き嫌い」のレベルでの修正であれば，以下の理由から基本的には行わないほうがよいでしょう。**

- 直しすぎは，相手方との窓口になっている事業部門担当者に嫌がられる：事業部門担当者としては，契約の相手方と友好的な形で契約締結に至ることを望んでいる場合が多いはずです。そのような状況で，契約の相手方に，修正だらけの契約書を持って行くことは，事業部門担当者としても気が引けるものです。
- 直しすぎは，契約の相手方に嫌がられる：契約の相手方は，修正をされたことで自分の仕事にケチをつけられたと思うかもしれません。場合によっては，変にやり返されて余計な争点を増やすことになるかもしれません。当然ですが，契約の相手方はあなたの部下ではありませんから，指導をする対象ではありません。一概にはいえないものの，契約の相手方は敵ではなく，ビジネスパートナーである場合も多いです。相手を尊重する意識を持ち，良好な関係を築くことを心がけるべきでしょう。
- 直すのに余計な手間や時間がかかる：当然ですが，直す事項が多ければ多いほど時間がかかります。外部弁護士であれば，その分タイムチャージがクライアントに加算される場合もあります。好き嫌いのレベルで余計な手間や時間，費用をかけることは避けましょう。

　また，直す場合にも，**できるだけ原文を活かし，必要なところだけを修正す**ることが望ましいでしょう。ケースバイケースではあるものの，条項を丸々書き換えたり，削除したりしてしまうような直し方は，契約の相手方を不快にさせるだけでなく，そういった修正に対して，相手方から，こちらが行ったのと同じような対応をされる（修正した部分を丸々原文に戻される，削除した部分を丸々復活させられる）可能性を高めるおそれがあります。相手方が応じやすいように修正を最低限にするというのも交渉戦略の1つといってよいでしょう。

　なお，本書（とりわけ「第4章」以下）を含め，契約書に関して書かれた書籍においては，各契約条項についての詳細な解説や修正例が記載されていることが多く，経験の浅い方からすると，これらの解説に書かれているような修正をすべて行うことが完璧な契約書レビューだという誤解をしてしまうかもしれません。しかしながら，**現実の契約書レビューにおいては，書籍における解説に書かれている修正をすべて行うような契約書レビューはむしろ望ましくない**場合が多いでしょう。これらの解説は，契約書を読んだ際に，その契約に存在するリスクを把握できるようになること，そのリスクへの対応策（修正案）の引き出しをより多く持つことを目的として書かれているものであり，これらの修正を必ずすべて行うようにという趣旨で書かれているものではないのです。現実の契約書レビューにおいては，当事者間における立場の違い（「(5)　契約書レビューの目的を意識する」の「交渉力に差がある場合」で具体的な例を示しています），当該契約に係る取引のビジネス上のインパクトや重要性などを念頭に置きつつ，**契約書の各条項に存在するリスクの程度と修正により得られるメリットを勘案したうえで，修正を行うか否かを決定していくことになります。**

(3)　コメントは丁寧な言葉遣いで

　「直しすぎない」と同じような趣旨ですが，コメントに際しては「上から目線」のコメントは避け，丁寧な言葉遣いで行うほうがよいでしょう。

　過度に下手に出ることまでは必要ないと思いますが，互いに気持ちよく仕事ができるような言い回しを心がけるのがよいと思います。

　また，相手方からのコメントに対しては，きちんとしたコメントを返しま

しょう。たとえば，こちらが行った修正について，相手方がコメントで懸念を表明している場合，たとえそれが的外れな懸念であったとしても，相手の誤りを非難するのではなく，相手方の懸念にきちんと応えるべきでしょう。このような対応をすることで，相手方がこちらの修正に応じてくれやすくなったり，中立的な落としどころをみつけやすくなったりすることは多くあります。

(4)　法律に従った場合にどうなるかを知っておく

「第1章　契約の基本的事項」「1　契約とは？」「⑽　契約で定めるべき事項」で述べたとおり，契約では，「**法律上の帰結を修正すべき事項（または法律に定めはないが合意しておきたい事項）であって，かつ，強行規定に反しない事項**」を定めていくことが基本です。

【契約で定めるべき事項のイメージ（再掲）】

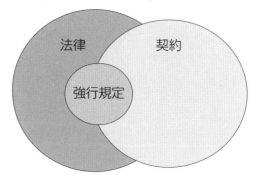

したがって，契約書レビューにあたっては，契約書に書かれている事項のみならず，契約書に書かれていない事項でも，「**法律の定めに従った場合にどうなるか**」，「**その取引に適用される強行規定は何か**」を知らなければ，正確なレビューをすることは難しいということになります。

率直にいって，これらをすべて把握することは，簡単なことではありません。しかも，法務担当者や弁護士がレビューすべき契約書は，通常，複数類型に及びます。そういった複数の類型の契約書に対応していくためには，かなり広範囲の勉強，経験が不可欠です。

　ただし，いきなりすべてを完璧にするのは不可能です。そこでまずは，以下の事項に注力することを意識するのがよいと思います。

- **民法，商法の理解を確実にする**
　「法律の定めに従った場合にどうなるか」という法律のデフォルトルールとして最も適用される頻度が高いのは民法でしょう。また，企業が行う契約においては，商法の適用頻度も比較的高くなります。
　したがって，民法改正による改正部分も含め，まずは民法，商法の規定をきちんと理解しておくことが重要です。
- **きちんとしたひな形を使う**
　よくできたひな形は，通常，「法律の定めを修正しておくべき事項」を網羅するように作られています。
　したがって，きちんとしたひな形を用いることで，必要十分な契約書を作成できる可能性を高めることができます。

---

(5)　契約書レビューの目的を意識する

　「4　契約書レビューの目的」で言及した契約書レビューの目的は，以下のとおりです。

- (i)　当事者の意向を反映する
- (ii)　自社にとって不利にならないようにする
- (iii)　適法性を確保する
- (iv)　紛争を予防する
- (v)　実効性を確保する

　冒頭で述べたとおり，契約書レビューにあたっては，上記の目的を意識して行うことが必要になります。

(i)　当事者の意向を反映する

　「当事者の意向を反映する」ためには，まず当事者（取引を担当している事業部門担当者など）からのヒアリングが必要です。

　自社が清掃業者に対して清掃業務を委託する場合の業務委託契約を例に考え
てみましょう。一口に「清掃」といっても，掃除機をかける，ゴミの回収をす
る，ホテル清掃の場合などにはベッドメイキングを行うなど，その具体的内容
は様々です。委託する業務の内容（時間帯や頻度なども含みます）を契約書に
明確に記載しておかないと，受託者である清掃業者との間で想定する業務内容
に齟齬が生じ，せっかく業務委託契約書を作成したにもかかわらず，契約書に
基づいて，自社の想定する清掃業務を清掃業者に対して求めることができない
といった事態が生じかねません。そのため，法務担当者としては，具体的な業
務内容としてどういったものが想定されているかを事業部門担当者からしっか
りとヒアリングして，その内容を契約書に反映する必要があるのです。

　ヒアリングについては，必ずしも1回のヒアリングで必要事項をすべて確認
できるわけではありません。必要に応じて，複数回ヒアリングを実施します。
たとえば，レビューに入る前に基本的事項（取引全体の概要や目的，契約に至
る背景事情，想定されるスケジュール感など）をヒアリングしておき，ひとと
おりレビューした後に追加で生じた疑問点についてヒアリングする，といった
ような具合です。なお，企業によっては，事業部門から法務部門への契約書審
査（レビュー）依頼フローの一環として，法務部門があらかじめ用意した質問
シートに事業部門担当者が記入することで，ヒアリングの一部を省力化する方
法も採られています。また，レビュー後のヒアリングについては，「5　契約
書レビューの形式」の「(4)　内部コメント」で述べた「法務部門担当者から事
業部門担当者への確認事項」として，契約書上に記載した内部コメントを用い
て，事業部門担当者の意向を確認することも多いです。

　そして，法務担当者は，上記ヒアリングに基づいて，実際の契約書レビュー
を行います。レビューにおいては，**既存の条項を修正または削除すれば足りる
場合と新しい条項を自身で追加（ドラフティング）する必要がある場合**があり
ますが，いずれの場合についても，「4　契約書レビューの目的」で述べたと
おり，「当事者が意図した意味内容以外の意味で解釈されるおそれのない」条
項にすることが重要です。このあたりは，慣れが必要なところではありますが，
基本的には「他人のマネ」をすることが有用です。変にオリジナリティを出そ
うとせず，同種の契約書などで用いられている条項を参考にしてドラフティン

グするのがよいでしょう。ただし，「それっぽい」文言を並べて満足してしまってはいけません。条項を「文字どおり」に読んでみて，その条項が実際に適用される場面を具体的に想定し，不都合や問題点がないかを頭の中で何度も検証してみる必要があります。

　また，5W1Hを意識することも有用です。必ずしも5W1Hのすべてを記載しなければならないというわけではありませんが，5W1Hを意識することで，記載すべき事項に漏れが生じにくくなるでしょう。

---

① Who（誰が・誰に）：主体
② When（いつ・いつまでに）：期日，期限
③ Where（どこで）：場所
④ Why（なぜ）：目的，条件
⑤ What（何を）：対象
⑥ How（どのように）：方法

　代金の支払を定める条項をドラフティングする場合を例に考えてみます。たとえば，同種の契約書から，以下のような条項を引用してきたとします。

　甲は乙に対し，●年●月●日までに，前項に定める売買代金を，下記の銀行口座に振り込む方法によって支払う。

　これを，上記の5W1Hに当てはめると以下のようになります。

---

　①甲は乙に対し，②●年●月●日までに，⑤前項に定める売買代金を，⑥下記の銀行口座に振り込む方法によって支払う。

　上記条項には，③（Where）と④（Why）についての定めがありません。そこで，③（Where）や④（Why）として記載すべき事項がないかを考えて

みます。

　まず，③（Where）については，この条項は，振込送金の方法を定めていますので，場所を記載する必要はないでしょう。一方で，たとえば，商品の引渡しを定める条項である場合には，③（Where）がなければ，引渡場所の定めを漏らしている可能性があります。

　次に，④（Why）については，たとえば，商品の引渡しを先履行にしたいという当事者の意向がある場合には，その記載を漏らしていることになります。この場合には，「第●条に定める本商品の引渡しがされたことを条件として，」というような文言を追記することが必要になります。

　このように，5W1Hを意識することは，記載すべき事項に漏れを生じにくくさせるうえで有用です。

(ii)　自社にとって不利にならないようにする

・自社ひな形がある場合

「自社にとって不利にならないようにする」方法としては，自社ひな形がある類型の契約書の場合には，「**（できるだけ）自社ひな形に寄せる**」というのが1つのやり方です。ただし，この場合も，「**直しすぎない**」ことが重要です。条項を丸々自社ひな形の文言に書き換えるのではなく，できるだけ原文を活かし，実質的な意味内容を自社ひな形に寄せるために，必要なところだけ修正するのがよいでしょう。

・自社ひな形がない場合

では，自社ひな形がない類型の契約書の場合はどうすればよいのでしょうか。考えられる方法の1つは，「3　ベースとなる契約書の準備」で言及したような方法で**同種類型の契約書を探し，その契約書に寄せる**という方法です。しかし，このような契約書は，法改正が反映されていなかったり，自社に有利なものになっていなかったりする可能性があります。そこで，「3　ベースとなる契約書の準備」で述べたことと同様，当該契約書が作成された当時から法改正などがされていないか（法改正を反映した契約書ひな形になっているか），当該ひな形が想定している契約上の立場（たとえば，売買契約の場合，売主有利で作られているのか，買主有利で作られているのか。それが自社の立場と一致

しているのか）などを確認する必要があります。

　もう1つの方法としては，**自分の中に契約条項のストックを持っておき，そのストックから最善のものを選択する**，という方法です（前記の方法と二者択一的なものではなく，両者を組み合わせることももちろん可能ですし，むしろそうすべきです）。たとえば，損害賠償について定める条項をレビューする際，自社の賠償責任を制限したいと考えた場合を想定してみましょう。賠償責任を制限する方法としては，

- 賠償責任を負う場面を限定する（例：「故意又は重大な過失がある場合に限り」）
- 賠償範囲を限定する（例：「直接かつ現実に生じた通常の損害」）
- 賠償額に上限を設ける
- 賠償請求に期間制限を設ける

といったように，様々な選択肢があります。自分の中に，これらの選択肢のストックを持ち，そのストックを個別のケースに応じて適切に使い分ける（最適なものを選択する）ことで，自社に不利な条項を自社に有利なもの（または，少なくとも中立的なもの）に修正していくのです。このようなストックは，経験を積んでいくと頭の中に自然とできていくものではあると思いますが，たとえば，Excel や Google スプレッドシート上に，条項の種類ごとの契約条項例をストックしておく，というような方法で効率的に習得できるかもしれません。特に，契約書類型にかかわらず共通して定めることの多い条項（一般条項）の場合には，こういったストックが有用になる場合が多いでしょう。なお，このようなストックを自分で作らなくても，条項例を自動で提案してくれるような契約書レビューツールも存在します。こういったツールを利用できる環境にある場合には，補助的にこれらを利用することで業務を効率化できるかもしれません。

　・修正・コメントの例

　自社にとって不利にならないようにする修正方法は無数にあり，ケースに応じて適切な修正を行う必要があります。以下では，修正・コメントの例をいく

つか示します。

(a) 権利・義務や責任の主体を変更する

【修正・コメント例①】

> ~~甲~~乙は，本製品の利用に関して第三者との間で知的財産権の侵害を理由とする紛争が発生した場合には，当該紛争に起因して~~乙~~甲に生じたすべての損害を賠償しなければならない。【乙：本製品は，貴社の仕様書に基づいて製作するものですので，第三者の知的財産権侵害に伴う損害については，貴社のほうで賠償責任を負っていただくようお願いいたします】

　当事者の権利・義務や責任を定める条項について，権利・義務の主体や責任を負う主体が自社（上記の例では，乙）にとって不利なものとなっている場合に，その主体を変更する修正を行うことが考えられます。ただし，主体を変更することについて合理的な説明ができない場合には，相手方に受け入れてもらうことは難しいでしょう。

(b) 適用場面・適用範囲を限定（または拡張）する

【修正・コメント例②】

> 乙は，乙の責めに帰すべき事由によって，本製品の利用に関して第三者との間で知的財産権の侵害を理由とする紛争が発生した場合には，当該紛争に起因して甲に生じたすべての損害（弁護士費用を含む。）を賠償しなければならない。【乙：知財紛争が貴社の指示に起因する場合など，当社に非のない紛争が生じた場合にまで当社が賠償責任を負うのは，行き過ぎかと思います。当社が賠償義務を負うのは，当社に帰責性のある場合に限定させていただきたいと思います】

　条項が自社（上記の例では，乙）にとって不利なものとなっている場合に，その適用場面や適用範囲を限定する修正を行うことが考えられます。

　このような修正は，契約書レビューにおいて最もよく行われる修正の1つです。上記の例では，乙が賠償義務を負う範囲を乙に帰責事由がある場面に限定する修正を行っています。このような修正以外にも，たとえば，「（弁護士費用

を含む。）」との記述を削除することで賠償範囲を限定することも考えられます。

　反対に，自社にとって有利な条項の場合には，適用場面や適用範囲を拡張する（または，限定範囲を狭める）方向で修正できないかを検討します。たとえば，以下の例では，甲としては，「知る限り」を「知り得る限り」に修正することで，乙の表明保証の対象を拡張しています。

【修正・コメント例③】

> 　乙は，本契約に基づく義務の履行に悪影響を及ぼすおそれのある乙に対する係属中の訴訟が存在せず，かつ乙の知り得る限りそのような訴訟が提起されるおそれが存在しないことを表明し，保証する。【甲：貴社自身に関することですので，貴社が知り得る事項についても表明・保証していただければと思います】

(c)　立証責任を転換する

【修正・コメント例④】

> 　乙は，乙の責めに帰すべき事由によって，本製品の利用に関して第三者との間で知的財産権の侵害を理由とする紛争が発生した場合には，当該紛争に起因して甲に生じたすべての損害（弁護士費用を含む。）を賠償しなければならない。ただし，乙が，当該紛争が甲の指示に従ったことに起因して生じたものであることを立証した場合にはこの限りでない。【乙：知財紛争が貴社の指示に起因する場合など当社に非のない紛争が生じた場合にまで当社が賠償責任を負うのは，行き過ぎかと思います。当社が賠償義務を負うのは，当社に帰責性のある場合に限定させていただきたいと思います】【甲：当社は買主の立場であることから，知財紛争については，原則として貴社に賠償責任を負っていただく場面であると考えます。もっとも，ご懸念の点は理解できますので，ただし書への追記という形でご検討いただきますようお願いします】

　上記の例は，【修正・コメント例②】の乙による修正に対して，甲がさらに修正を加えた場合の例です。この条項は，乙の損害賠償義務を定めるものであり，甲にとって有利な規定ですので，前述のとおり，甲としては，適用場面を拡張したい（限定されたくない）場面です。したがって，甲としては，乙によって追記された「乙の責めに帰すべき事由によって，」を削除したいと思う

ところでしょう。もっとも，削除による修正だけでは，契約交渉は平行線をたどる可能性があります。

　そこで，修正方法の1つとして，立証責任の転換を図る方法が考えられます[12]。上記【修正・コメント例②】のままにした場合，実際に知財紛争が生じて甲に損害が生じたとしても，この条項の適用を主張する甲のほうで，「乙の責めに帰すべき事由によって，本製品の利用に関して第三者との間で知的財産権の侵害を理由とする紛争が発生した」こと，すなわち，乙に帰責事由があることを立証しなければならないと考えられます[13]。そこで，甲としては，（乙のコメントを受けて，この条項の適用を限定する範囲を「当該紛争が甲の指示に従ったことに起因して生じた」場合に狭めたうえで，さらに）立証責任を乙に転換することによって，甲が乙の帰責事由を立証できない場合のリスクを回避しています。

(d)　法律の規定に従う

　契約当事者双方が自社に有利な条件を主張して譲らない場合，落としどころとして，法律の規定に従うという選択をすることが考えられます。

　この場合，「法律に従った場合にどうなるかを知っておく」で述べたとおり，契約上取り決めがなければその取引に適用される法律の規定に従うことになりますので，該当する契約条項自体を削除してしまうことも1つの方法です。ただし，「直しすぎない」で述べたとおり，条項を丸ごと削除してしまうことは，相手方の抵抗が大きいことが予想されます。そのため，契約条項を適用される法律の規定と同趣旨の規定に書き換える方法，または，「〜については，民法の規定による」という条項にする方法などを検討するとよいでしょう。

　また，自社が第一案を提示する立場である場合には，あらかじめ相手方から反発があることを見越して，該当する条項を削除しておくことによって法律の

12　喜多村勝徳『契約の法務〔第2版〕』（勁草書房，2019年）90頁参照。
13　ただし，乙が，甲に対し，第三者の知的財産権を侵害する製品を引き渡したことが，乙の債務不履行（民法415条）を構成する可能性があります（契約書作成の実務と書式・73頁）。甲が乙の債務不履行責任を追及する場合，乙が，自らの「責めに帰すことのできない事由によるもの」（民法415条1項ただし書）であることの立証責任を負います。

規定に委ねるといった方法が有効な場合もあるでしょう。

　(e)　相互的な規定にする
【修正・コメント例⑤】

> 　委託者及び受託者は，本契約に違反して相手方に損害を与えた場合には，相手方に対し，相当因果関係の範囲において，損害の賠償をしなければならない。ただし，本契約に関して当事者受託者が相手方委託者に対して負う損害賠償の額は，第●条に定める業務委託料の金額を上限とする。【甲（委託者）：貴社の損害賠償に上限を設けることには同意いたしますが，当社の損害賠償についても同様に上限を設けさせていただければと思います】

　自社にとって不利な条項がある場合に，不利な条項が自社に適用されることは受け入れたうえで，相手方との相互的な条項となるように修正する方法が考えられます。（少なくとも形式上は，）公平な形に修正するものですので，相手方にも比較的受け入れてもらえる可能性が高い修正方法といえます。

　なお，【修正・コメント例⑤】については，見かけ上は公平な修正のように見えますが，業務委託契約においては，一般的に，受託者側のほうが損害賠償義務を負うリスク，損害賠償額が大きくなるリスクが高い場合が多いでしょう（委託者側は，金銭債務しか負っていないことも多く，金銭債務の不履行による損害は，別段の合意のない限り法定利率によることとなります。民法419条1項）。したがって，修正後であっても，実質的には，受託者に有利な条項といえます（その意味で，委託者にとってこの修正は不十分な可能性が高いでしょう）。レビューにおいては，形式的な有利・不利の判断のみならず，こういった事情も踏まえた実質的な有利・不利の判断が必要になります。

　・優先度をつける
　あらゆる契約条件（契約条項）について自社にとって有利なものにするということは，自社が契約の相手方との関係でよほど優位な立場にない（または，相手方が契約条件に関心を持っていない）限りは難しく，実際には，契約の相手方との間で落としどころをみつけて，その内容で合意するという場合が多い

でしょう。

　そして，自社にとっての落としどころをどこに置くかについては，落としどころを行き当たりばったりで決めるのではなく，あらかじめ**契約条件ごとの自社にとっての優先度を考えておくことが，効果的・戦略的に交渉を進めるうえで重要**になります。優先度は，大きく分けると，①絶対に譲歩できないもの（譲歩するくらいならその取引がブレークしてもよいと考えるもの），②譲歩の余地のあるもの（条件次第では譲歩可能なもの），③譲歩しても問題のないものに分けられると思います。実際には，②の中でさらに譲歩の余地の程度にグラデーションがあるのが通常ですが，簡略化するためにひとまずこの3つに分けて説明します。なお，このような契約条件の優先度は，当然ながら，法的な観点のみならず，ビジネス的な観点も踏まえて決めていくことになります。

　例として，契約の相手方との契約交渉において，A，B，Cという3つの契約条件が争点となっている場合で考えます。交渉の初期段階であれば，商慣習上一般に許容される限度である限り（そうではない場合には，そのような提案をすることによって相手方との信頼関係を破壊しかねません），A～Cのいずれについても自社にとって有利な提案をすることでも問題はない場合が多いでしょう。もっとも，契約交渉が進み，相手方から，A～Cについての懸念や修正要望，対案などを示された場合，「いずれも譲歩しない」という対応を一貫して貫くだけでは契約交渉は進展しません（もっとも，相手方が示した懸念に対して説明を尽くすことで，相手方がこちらの提案を受け入れてくれることは多くあります。ここでは，そういった説明は尽くされていることを前提としています）。自社にとって，A～Cが，それぞれ前記①～③のどれに属するかによって修正の仕方やコメントのニュアンスは変わってきます。たとえば，Aが①，Bが②，Cが③だとします。

契約条件A：①絶対に譲歩できない
契約条件B：②譲歩の余地がある
契約条件C：③譲歩しても問題ない

　そうすると，Aについては，当然，相手方の提案を押し返す必要が出てきます し，コメントにおいても譲歩できない部分であることを示す必要が出てきます。Bについては，交渉の進度などに応じて，そのまま押し返す場合もあれば，条件を付して返答する場合もあるでしょう。Cについては，相手方の提案をそのまま受け入れてもいい場合もあります。ただし，Cが契約の相手方にとって重要な契約条件であると考えられる場合には，**Cを譲歩することと引き換えに，AやBについて自社に有利な条件を引き出すための交渉材料として使うことができる**かもしれません。

　このように，契約交渉においては，契約条件の優先度を考えておくことは非常に重要なのです。

● 交渉力に差がある場合

　実務においては，バーゲニングパワーの違いによって不利な条件をのまざるをえないといったことも珍しくありません。法務担当者には，自社の立場を理解したうえで，**自社が有する交渉力の程度に応じたレビューをする**，ということも求められます。交渉力が弱い立場にいる場合の交渉方法としては，たとえば，自社にとって影響の大きい箇所（優先度が高い箇所）に限定して修正を求める，中立的な限度での修正にとどめる（上記の「(e)　相互的な規定にする」など）といった方法が考えられます。

(iii)　適法性を確保する

　「4　契約書レビューの目的」の「(4)　適法性を確保する」で述べたとおり，契約書レビューにおいては，**①取引自体の適法性**と**②個別の条項の適法性**を確認する必要があります。また，特定の類型の契約においては，**③法定の記載事項に漏れがないか**を確認する必要があります。さらに，**④形式面，手続面の適法性**の確認のため，法令上要求されている要件がないかを確認します。

　①取引自体の適法性，②個別の条項の適法性，③法定の記載事項，および④形式面，手続面の適法性のいずれについても，その種の取引類型について書かれた書籍を読めば，典型的に適法性が問題となりやすい場合（③については法定の記載事項）について言及している箇所をみつけることができるでしょう。

　また,「3　ベースとなる契約書の準備」「(5)　インターネットで検索」で述べたように, インターネットから得た情報をそのまま用いるのはリスクがある場合が多いものの, **初期的なリサーチとして用いるのであれば, インターネットは非常に有用です**。インターネットを使って問題となりそうな部分にあたりをつけ, 追加で調査が必要となりそうだと思われる部分についてはさらに関連書籍などを調べる, といった形でインターネットを利用することは, むしろ効率的なリサーチ方法といえるのではないでしょうか。

　最後に,「4　契約書レビューの目的」の「(4)　適法性を確保する」で述べたとおり, 法令 (や法規に至らない業界基準) のみならず, 社内規則や自社が締結している他の契約との抵触の有無も確認する必要があります。たとえば, A 社から受託した業務委託契約において再委託が禁じられている場合, これを B 社に再委託するような業務委託契約を締結したうえで再委託をすることは, A 社との業務委託契約における契約違反 (債務不履行) になります。こういった事項については, 当然ながら, 書籍やインターネット, 自社ひな形を見ても, (社内規則については自社ひな形に記載がある可能性はありますが,) 抵触の有無はわかりません。日ごろから社内規則を把握しておくこと, 関係する既存の契約を確認することも契約書レビューにおいて必要な事項です。

(ⅳ)　紛争を予防する

　「4　契約書レビューの目的」で述べたとおり, 契約書レビューは, 自社側の意図や認識を正確に記載することによって, 契約当事者間の認識の相違点を明らかにし, 共通認識を醸成する作業でもあります。そのため, **契約書レビューにおいては, 認識, 解釈に相違が生じる可能性がある記述となっていないかを常に意識する**ことが重要です。そして, そういった記述をみつけた場合には, 自社が意図 (認識) している意味内容以外の意味で解釈されるおそれのない条項となるように文言を修正することで, 将来の紛争の予防につなげることができます。「当事者 (自社) が意図した意味内容以外の意味で解釈されるおそれのない」条項にするという点は,「当事者の意向を反映する」で述べたことと共通します。なお, 英文の契約書では, "For the avoidance of doubt," (疑義を避けるために) といった契約文言がよくみられますが, これはまさに

契約当事者間で解釈に疑義が生じるのを避けるために使われる手法です。英文契約書ほど一般的ではありませんが，日本語の契約書においても，「疑義を避けるために付言すると」などと書かれている契約条項は存在し，こういった条項を用いることも時には有用でしょう。

　また，当該取引から生じうる問題を予測し，その処理方法を契約書で定めておくことも重要です。すなわち，契約書には，あえて分類すれば，①取引の通常の流れを定める部分と，②イレギュラーな事態が発生した場合に依拠すべき内容（解決のためのルールや交渉のスタートラインなど）を定める部分があり，①のみならず，②の部分をきちんと定めておくことが紛争予防（または紛争激化の予防）の観点から重要になります。たとえば，売買契約において，目的物が検査で不合格となった場合の不合格品の取扱いについて定める条項は，「不合格」というイレギュラーな事態を想定した条項です。「実際に不合格品が生じた場合に協議すればよい」と考えるかもしれませんが，イレギュラーな事態が生じている場面では，相手方当事者との関係が悪化している場合も多く，相手方は，少しでも自身に有利なように揚げ足取りをしてくる可能性があります。そのため，紛争発生前の契約段階において，②を定めておく必要性が高いのです。②を定めるにあたっては，まず，そもそもどういった問題が生じる可能性があるのかについて，想像力を働かせることが必要です。例に挙げた不合格品の取扱いについて定める条項でいえば，不合格品の保管方法，返還方法，保管・返還の費用負担，売主による返還受取拒否の場合の処理など，予測できる問題は多岐にわたります。もちろん，これらの問題のすべてを常に必ず契約書に定めなければいけないということではなく，まずは「生じうる問題点を把握する」ということが重要なのです。そのうえで，それらの問題が生じた場合にどのような処理とするのが妥当なのかについても，想像力を働かせる必要があります。上記のとおり，イレギュラー発生時には，相手方との関係が悪化している可能性があります。そこで，契約書レビューにおいては，あえて性悪説的に相手方の出方を想像することも必要になってくるでしょう。

　最後に，問題が生じた場合の処理方法について，「協議するものとする」のように具体的な処理方法を定めないような条項は，できるだけ避けたほうがよいでしょう。たとえば，目的物が検査で不合格となった場合の不合格品の保管

方法について，具体的に定めることなく，「保管方法については，当事者間で
協議するものとする。」というような条項がこれに当たります。上記のとおり，
実際に問題が起きてしまってからその問題を協議によって解決することは，問
題が生じる前に処理方法を合意しておくよりもずっと難しいでしょう。条件交
渉段階で，これらの点を具体的に決めておくことが，将来の紛争を予防するこ
とにつながります。

(ⅴ)　実効性を確保する

　実効性のある契約書とするためには，実際に運用を担当する**事業部門とのコ
ミュニケーションが不可欠**です。「(ⅰ)　当事者の意向を反映する」で述べたヒ
アリングや内部コメントを使って，事業部門における実行可能性のある契約書
となるようにレビューするとよいでしょう。

　よく問題となりやすい点としては，以下の事項が考えられます。実行可能性
について事業部門に確認をするようにしましょう。

- 支払に関する事項
　請求書の発行時期や支払期限などについて，実際の運用において履行可能かを
確認します。場合によっては財務部門への確認も必要になるかもしれません。
- 検査・検収に関する事項
　検査期間，検査の方法などについて，実際の運用において履行可能か，適切な
方法となっているかを確認します。
- 保険加入義務
　適切な保険の有無，保険加入手続にかかるスケジュール，保険にかかるコスト
が取引内容に見合っているかなどを確認します。
- 通知条項
　一定の事由（たとえば，代表者の変更）が生じた場合に通知義務を定める条項
がある場合には，実際の運用において履行可能かを確認します。
- （M&A契約などにおける）誓約（コベナンツ）条項
　誓約事項について，実際の運用において履行可能かを確認します。
- 調印スケジュール
　契約書の調印スケジュールについて実現可能なスケジュールかを確認します。
決裁や稟議のスケジュール，調印に取締役会決議が必要な場合には取締役会の実
施予定日といった事情を踏まえて確認する必要があります。

⑹　条項の抜け漏れがないかを確認

　これまでに述べた工程が完了したら，**契約書に本来定めておくべきであるにもかかわらず定め忘れている条項がないか**，つまり条項の抜け漏れがないかを確認します。

　自社ひな形がある契約類型の場合には，自社ひな形の契約条項と比較することで，抜け漏れの確認をする方法が考えられます。自社ひな形がきちんと作られている場合であればこの方法が有効でしょう。

　自社ひな形がない契約類型の場合には，その契約類型の契約書に一般的に存在する条項を確認することで，抜け漏れの確認をすることが考えられます。そこで，「3　ベースとなる契約書の準備」で言及したような方法で同種類型の契約書を探し，その契約書と比較する方法が有効でしょう。ただし，このような契約書は，その記載内容が必要十分なものになっているかについて十分な検討がされていません。したがって，1つの契約書のみに依拠するのではなく，複数の契約書の条項を見比べながら，必要十分な記載となっているかを確認することが望ましいでしょう。

⑺　契約書全体の整合性を確認

　契約書中に相互に矛盾する条項がないか，契約書全体の整合性を確認します。

　特に修正を多く行った箇所については矛盾が生じやすいため，重点的に確認するとよいでしょう。

⑻　最終確認

　最後に，相手方に送る前に，契約書の最終確認をします。

　特に注意して確認すべき事項としては，以下のようなものが挙げられます。

・当事者
－正式な当事者名が記載されているか（略称や通称になっていないか，誤字やスペルミスはないか）
－「株式会社」「一般社団法人」などの記載漏れがないか

- －契約の相手方が個人の場合，屋号のみの記載となっていないか（「第3章　締結時の留意点」「2　署名欄に関する留意点」「(2)　住所，肩書，氏名」参照）
- • 定義
- －定義したにもかかわらず，定義語以外の用語を使っている箇所はないか
- －定義したにもかかわらず，本文で一度も使用していない用語はないか
- －定義において別紙や添付書類に言及している場合，言及されている別紙や添付書類が正しいものになっているか（たとえば，定義上「別紙1記載の業務」と書いてあるのに，業務の内容が別紙1ではなく別紙2に記載されているということはないか。特に，別紙や添付書類の入れ替えや削除を行った場合には要注意）
- • 日付，期間
- －他の契約書に言及している（たとえば，「甲乙間で締結した●年●月●日付業務委託契約書に関し」のような記載がある）場合，当該言及している契約書の日付に誤りがないか
- －契約の効力発生日，契約期間（または契約期間満了日），秘密保持義務を負う期間などは想定しているものと相違がないか
- －その他の日付や期間が記載されている箇所に誤りはないか
- • 支払金額，支払条件
- －支払金額，支払時期（期限）に誤りがないか（特に，複数回の支払が想定される場合，それぞれの支払金額と支払時期（期限）に誤りがないかを要確認）
- －税込みか税抜きかが明示されているか
- －支払方法（たとえば，振込送金）が明示されているか
- －振込先口座情報（金融機関名，支店名，預金種別（普通預金，当座預金など），口座番号，口座名義，振込時に表示される口座名義のカタカナ表記）が正しく記載されているか
- • 目的物，商品
- －所有権の移転時期を定めているか
- －危険の移転時期を定めているか
- －引渡場所，引渡方法を定めているか
- • 機関，法令などへの言及
- －他の機関や団体に言及する場合にそれらの名称が正式な名称となっているか
- －法令について言及する場合に法令の名称が正式な名称となっているか
- －他の契約書に言及している（たとえば，「甲乙間で締結した●年●月●日付業務委託契約書に関し」のような記載がある）場合，当該言及している契約書の当事者や契約書名に誤りがないか
- • 通知先
- －通知先として特定の人物が指名されている場合，その人物の情報に誤りはない

か（正式な役職名が使用されているか，氏名に誤記はないかなど）

－通知先住所や連絡先情報に誤りがないか

・存続条項（残存条項）

－契約終了後も存続する条項を定めている場合，正しい条項番号が記載されているか（特に，既存の条項を条項ごと削除した場合や新規の条項を追記した場合には要注意。「5　契約書レビューの形式」「その他の Word 機能」で言及した「相互参照」機能を用いると確認しやすい）

・準拠法，紛争解決手段

－準拠法および紛争解決手段（管轄裁判所や仲裁機関）を定めているか

・署名欄

－住所は正確に記載されているか

－（記名の場合，）正式な当事者名が記載されているか（前記「・当事者」参照）

－正確な役職名（代表取締役など）が記載されているか

・条項番号

－条項番号に抜け漏れ（例：第5条の次が第7条となっている）や重複（例：第5条が2つある）はないか

－他の条項に言及している場合（例：「第5条の定めにかかわらず」），正しい条項番号が記載されているか（特に，既存の条項を条項ごと削除した場合や新規の条項を追記した場合には要注意。なお，条項ずれを防ぐために，条項番号を維持したまま，削除する条項本文に「意図的に削除」などと記載する方法もある）

・別紙，添付書類

－契約書中で別紙や添付書類に言及している場合，言及している別紙や添付書類に抜け漏れや誤りはないか

－契約書中で添付書類を指す用語として統一的な用語が使われているか（同じ添付書類を指す用語として，「別紙」「添付書類」「付属書類」などの表記ゆれがないか）

・コメント，変更履歴，プロパティなど

－相手方向けコメントと内部コメントの区別はされているか，相手方に出す場合に内部コメントはすべて削除されているか（単に「非表示」になっているだけでなくきちんと「削除」されているか），最終版（クリーン版）の場合にコメントはすべて削除されているか

－変更履歴を正しく残しているか（変更履歴を残さずに修正していないか），最終版の場合に変更履歴が削除（反映）されているか

－最終版の場合，ドラフトであることを示す記載が残っていないか（契約書タイトルが「●●契約書（案）」や「契約書案_ver.1」などになっていないか，ヘッダーやフッターなどにこのような記載がないか）

－プロパティ情報に余計な情報が記載されていないか（「3　ベースとなる契約

　書の準備」「(7)　プロパティに注意」参照)
- 誤字など
- 誤字がないか（Word には、「校閲」タブに「スペルチェックと文章校正」機能がついていることから適宜これを利用する）
- 入力忘れ（「●●」などのまま残っているものなど）はないか
- 「及び」「並びに」「又は」「若しくは」などの使い方に誤りがないか[14]
- 表記ゆれ（「及び」と「および」が混在しているなど）はないか
- フォントや文字サイズは統一されているか（他の契約書から条項をコピペした場合などは特に要注意）
- インデントのずれはないか
- 当事者の書き間違い（「甲」と書くべきところが「乙」となっているなど）はないか
- 最終確認
- パソコン上で確認するだけでなく紙に出して読んでみる、音読してみる、（時間があるときは、）日を跨いで確認するなどの方法で最終確認をすることが考えられる

(9)　想像力を働かせること

　ここまで契約書レビューにおける留意点をいろいろと述べてきましたが、**契約書レビューで最も大事なのは、「想像力を働かせること」**だと思います。

- 契約文言が別の意味に解釈される可能性はないか
- 争いになった場合にどうなるか
- 実際の運用において履行可能か
- 修正やコメントについて契約の相手方や事業部門担当者がどう思うか

　など、常に様々な想像力を働かせて契約書レビューを行うようにしましょう。

14　本章末尾の「契約書コラム④　「及び」「並びに」「又は」「若しくは」の使い分け」参照。

契約書コラム④

「及び」「並びに」「又は」「若しくは」の使い分け

1 「及び」と「並びに」

「及び」も「並びに」もandの意味で使用されますが，同じ種類のワードをandの意味でつなぐ場合には「及び」を使います。たとえば，「役員及び従業員」のような使い方です。

| 役員 | 及び | 従業員 |

「並びに」は，「及び」で接続されたグループと別種類のワード（または「及び」でつながれた別種類のグループ）同士とをandの意味でつなぐ場合に使用されます。たとえば，「甲の役員及び従業員並びに乙の役員」や「甲の役員及び従業員並びに乙の役員及び従業員」のような使い方です。この場合，「甲の役員及び従業員」というグループと「乙の役員」は別種類のワードですので，「並びに」を使用することになります。

| 甲の役員 | 及び | （甲の）従業員 | 並びに | 乙の役員 |

また，同じ種類のワードを3つ以上andの意味でつなぐ場合には，「甲の役員，従業員，業務委託先及び顧問弁護士」のように，ワード同士を「，」でつないでいき，最後のつながりだけ「及び」を使用します。

2 「又は」と「若しくは」

「又は」と「若しくは」はorの意味で使用されますが，同じ種類のワードをorの意味でつなぐ場合には「又は」を使います。たとえば，「役員又は従業員」のような使い方です。

| 役員 | 又は | 従業員 |

あるグループを別種類のワード（または別種類のグループ）とorの意味でつなぐ場合には，同じ種類のつながりに「若しくは」を，別種類のつ

ながりに「又は」を使用します。たとえば,「甲の役員若しくは従業員又は乙の役員」や「甲の役員若しくは従業員又は乙の役員若しくは従業員」のような使い方です。

| 甲の役員 | 若しくは | （甲の）従業員 | 又は | 乙の役員 |

また,同じ種類のワードを3つ以上orの意味でつなぐ場合には,「甲の役員,従業員,業務委託先又は顧問弁護士」のように,ワード同士を「,」でつないでいき,最後のつながりだけ「又は」を使用します。

契約書コラム⑤

契約書上注意すべき用語

　上記の「及び」「並びに」「又は」「若しくは」もそうですが,契約書を含む法律文書においては,あまり見慣れない用語が使用されている場合や独特の用法で使用されている場合があります。これらの用語の意味を理解し,正確に使いこなすことで,より疑義のない契約書をドラフトすることができると思います。以下では,主要なものを紹介します。

1　「とき」と「時」
　「とき」は仮定的条件を表します。「場合」と同じ意味です。仮定的条件が重なるとき[15]には,より大きいほうの条件に「場合」を,より小さい条件に「とき」を使います（例として,民法566条本文）。
　これに対して,「時」は時点を指します。

15　この「重なるとき」というのは,「重なる場合」と同じ意味で用いています。時点を指しているわけではないので,「重なる時」とはしていません。

【民法566条本文】

> 　売主が種類又は品質に関して契約の内容に適合しない目的物を買主に引き渡した場合において，買主がその不適合を知った時から一年以内にその旨を売主に通知しないときは，買主は，その不適合を理由として，履行の追完の請求，代金の減額の請求，損害賠償の請求及び契約の解除をすることができない。

2　「その他の」と「その他」

　「その他の」は，直前に掲げられた事項を含む場合に用います。たとえば，「取締役その他の役員」という場合です。取締役は役員の例示になります。

　これに対して，「その他」は，直前に掲げられた事項と並列の関係を示す場合に用います。たとえば，「暴力団その他これに準ずる者」とされている場合，「暴力団」に加えて「これに準ずる者」を付加しています。

3　「以前」「以後」「前」「後」

　「以前」「以後」の場合には，その基準時点を含みます。たとえば，3月3日以前といった場合には，3月3日を含むことになります。

　これに対して，「前」「後」の場合には，その基準時点を含みません。

4　「直ちに」「速やかに」「遅滞なく」

　即時性が高い順に，①「直ちに」，②「速やかに」，③「遅滞なく」となります。したがって，間髪を入れずにすぐ実行させたい場合には，「直ちに」を用います。

5　「推定する」と「みなす」

　「みなす」の場合には，反証を許しません。たとえば，「相手方が正当な理由なく意思表示の通知が到達することを妨げたときは，その通知は，通

常到達すべきであった時に到達したものとみなす。」（民法97条2項）というのは，「相手方が正当な理由なく意思表示の通知が到達することを妨げたとき」には，実際に到達していなかったとしても，「通常到達すべきであった時に到達した」ことにしてしまうということです。

　「推定する」の場合には，反証が可能です。たとえば，「Aの場合にはBと推定する」という場合，Aがあったとしても，Bではないという反証が可能であれば，Bではないものとして扱うことになります。

6　「条」「項」「号」，「本文」「ただし書」，「柱書」

　契約書は，「条」，「項」，「号」の順に並んでいることが最も一般的です。

　以下の場合，第10条において，「1」に記載されているものが第1項，「一」に記載されているものが第1号です（以下の例では，「号」の数字は漢数字表記になっていますが，(1)，(2)，(3)や①，②，③などの形で表記される場合もあります）。

　また，第1項のうち，「委託者及び受託者は，〜（中略）〜使用してはならない。」を本文，「ただし，〜（中略）〜この限りではない。」をただし書といいます。

　さらに，第1項のように，条項に「号」が含まれている場合，各「号」以外の部分（この例でいう，「委託者及び受託者は，〜（中略）〜この限りではない。」の部分）を柱書といいます。

第10条（秘密保持）
　1　委託者及び受託者は，本契約の遂行の過程で知り得た相手方の技術上又は営業上その他の業務上の一切の情報（以下「秘密情報」という。）を，事前に相手方の書面による承諾を得ることなく，第三者に開示又は漏洩してはならず，本契約の遂行以外の目的に使用してはならない。ただし，次の各号のいずれか一つに該当する情報についてはこの限りではない。
　　一　開示を受けたときに既に自ら所有していたもの。
　　二　開示を受けたときに既に公知であったもの。

　三　開示を受けた後，自己の責によらず公知となったもの。
　四　正当な権限を有する第三者から秘密保持義務を負うことなく
　　　適法に入手したもの。
　五　相手方から開示を受けた情報によらず独自に開発したもの。
2　前項にかかわらず，委託者及び受託者は秘密情報のうち法令の
　定めに基づき開示すべき情報を，当該法令の定めに基づく開示先
　に対し，必要最小限の範囲に限って開示することができる。
3　本条の規定は，本契約終了後1年間存続する。

契約書コラム⑥

形式面をどこまで修正すべきか

　契約書レビューにおいて，「好き嫌い」のレベルでの修正は基本的には行わないほうがよいということは，「6　レビューにあたっての留意点」「(2)　直しすぎない」で言及したとおりです。

　ここで，似て非なる問題として，契約書の形式面をどこまで修正すべきか，という問題があります。たとえば，「及び」と「および」のどちらの表記を使用するかは，ある程度「好き嫌い」の問題といえます。このような表記の仕方については，公用文のルールに従うのが無難であると思いますが，たとえば，元の契約書で「および」となっている箇所を，契約書レビューにおいて，すべて「及び」に修正することに意味はないでしょう。これに対し，1つの契約書の中に「及び」と「および」が併存している（表記ゆれがある）場合，「好き嫌い」の問題というよりは，形式面の不備といって差し支えないように思われます。このような表記ゆれを修正することは，形式面を整えるという限度では意味があることです。もっとも，表記ゆれのような形式面の不備があるからといって，契約書の法的効果に影響があるかというと，そういうわけでもありません（なお，法律の世界

では，同じ意味の用語は同じ用語で表現するのが通常であり，違う用語で表記されていることによって，それらが異なる意味を持つことを示唆してしまう可能性があります。その意味では，表記ゆれが，単なる「形式面の不備」では済まされない場合もあるでしょう）。

　そこで，契約書の形式面をどこまで修正すべきか，という悩みが生じます。この点，契約書レビューにおいて重要なのは，内容面，すなわち，法的効果の部分であり，形式面の重要性が内容面に劣ることは，おそらくほぼ異論のないところでしょう。とはいえ，形式面が整っていない契約書は，その内容についてまで信頼性に疑義を生じさせかねません。特に外部弁護士が契約書を作成・レビューする場合，形式面が整っていない契約書を提供することで，（仮に内容面がきちんとしたものであったとしても，）クライアントの信頼を失ってしまうかもしれないのです。

　外部弁護士としての立場から，契約書の形式面をどこまで修正すべきか，という問題について，筆者は，（極めて当然のことですが，）「ケースバイケース」であると考えています。「ケースバイケース」の中身をもう少し敷衍すると，①クライアント，②取引規模（予算），③契約類型によって調整するイメージを持っています。

　まず，①クライアントについては，クライアントの意向や好みがわかっていれば当然ながらそれに合わせます。また，一般論として，ベンチャーやスタートアップ，中小企業のクライアント（以下まとめて「中小企業」といいます）の場合には，形式面をそこまで重視しない傾向があり，反対に大企業のクライアント（以下「大企業」といいます）においては形式面も重視する傾向があると思います。これは，②取引規模（予算），③契約類型とも関連してくる話になりますが，中小企業の場合には，契約書レビューなどのリーガルフィーに充てられる予算が限られており，また，取引におけるバーゲニングパワーが弱い（契約書の修正が認められにくい）場合が多く，反対に，大企業の場合には，予算が比較的多く，また，取引におけるバーゲニングパワーが強い（契約書の修正が認められやすい）場合が多いことに起因するものと思われます。

　次に，②取引規模（予算）については，大きな取引に係る契約書であれば，そこに充てられるリーガルフィーを含めた予算も多くなっていることが多いでしょう。反対に，少額の取引に係る契約書であれば，そこに充てられる予算も少ないことが多いでしょう。企業法務系の法律事務所においては弁護士の報酬体系がタイムチャージとなっていることが多いですが，タイムチャージの場合には，弁護士が形式面を整えることに充てる時間にもチャージされてしまいます。予算が多ければ，形式面を整えるためにかかったフィーも相対的にインパクトが小さくなりますが，予算が少ないにもかかわらず，外部弁護士が内容面（法的効果）に影響のない事項に時間を割いてしまうことがクライアントに歓迎されないことは想像にかたくないでしょう。

　最後に，③契約類型については，まず，今後も繰り返し使用することが想定されている契約書，すなわち，クライアントにおける契約書ひな形を作成する場合には，形式面も細かく見ておくべきでしょう。また，M&Aやファイナンスなど専門性の高い契約類型の場合，契約に関係する当事者も法的素養が高い人物が多く，形式面の修正への抵抗が少ない場合（さらにいえば，多くの当事者が形式面を気にする場合）が多い傾向があるように思います。また，このような類型の契約は，②で述べた予算も多い場合が多いでしょう。したがって，このような類型の契約書の場合には，形式面も含めた細かなレビューが望まれる場合が多いと思います。

●演習問題●

　第2章では，契約書レビューの作法を解説しました。本文中でも言及したとおり，契約書レビューのやり方については，実務上様々なやり方がありうる部分であり，本書の記載内容が唯一絶対の正解というわけではないと思いますが，実務の一例として参考にしていただけることが多いのではないかと思います。以下の演習問題についても，必ずしもすべてのケースに妥当するわけではない問いがあるかもしれませんが，本書の記述に照らして回答を考えてみてください。

①　契約交渉においては，自社で第一案（交渉のたたき台となる契約書）を準備することが望ましい。

②　定評のある書籍に載っているひな形を用いるのであれば，そのひな形は，そのまま自社のひな形として使用できる可能性が高い。

③　参考となる契約書を探す場合，経験が浅いうちはインターネットで検索する方法が望ましい。

④　契約書レビューにおいては，契約書をとにかく自社にとって有利になるように修正することが望まれている。

⑤　契約当事者間において話し合いが難航することが予想される事項については，契約交渉をスムーズに進めるために，契約書において具体的な内容を定めず，「別途協議するものとする」と定めておくべきである。

⑥　契約書レビューにおいては，Word の「取り消し線」を用いるのではなく，「変更履歴」を用いるべきである。

⑦　内部向けコメントが記載されたままの契約書が相手方に送付されてしまうのを防ぐ方法として，相手方向けコメントと内部コメントを色分けしておく

方法や内部向けコメントのない相手方送付用 Word ファイルを，内部向けコメントのある Word ファイルとは別に作成しておく方法などがある。

⑧　契約書レビューにおいては，特に重要な修正を行う場合，こちらが修正した箇所を相手方に気がつかれないように，「変更履歴」をつけずに修正することが望ましい。

⑨　契約書レビューにおいて相手方のコメントが的外れである場合，交渉上優位に立つために，当方側のコメントにおいて相手方の誤りを常に厳しく非難しておくべきである。

⑩　契約交渉を効果的・戦略的に進めるためには，契約条件ごとの自社にとっての優先度を考えておくべきである。

⑪　契約書全体の整合性を確認するうえでは，特に修正を多く行った箇所を重点的に確認するべきである。

⑫　契約書レビューにおいては，常に想像力を働かせることが重要である。

答え：① 〇，② ×，③ ×，④ ×，⑤ ×，⑥ 〇，⑦ 〇，⑧ ×，⑨ ×，⑩ 〇，⑪ 〇，⑫ 〇

第 **3** 章

締結時の留意点

1 契約締結日

(1) 契約締結日をいつにするか

　契約書には，契約締結日を記載する欄（通常は，契約書末尾の署名欄上部）があります。「第1章　契約の基本的事項」「2　契約書とは？」「(2)　契約書作成の目的」で述べたとおり，契約書は，紛争時の証拠として機能しますので，契約がいつ成立したかは重要な意味を持つ場合があります。

　契約当事者全員が同席する場で調印手続を行うのであればその調印日を契約締結日として記載すればよいですが，実際の契約においては，契約当事者全員が同席して調印をするのはむしろまれなケースです。電子契約を利用する場合には，同日に電子署名を行うことも難しくありませんが，紙の契約書を郵送でやりとりする場合には，通常，先に署名押印する当事者と後に署名押印する当事者で署名押印日にタイムラグが生じます。そこで，実務上は，**後に（契約当事者が3者以上いる場合は最後に）署名または押印する当事者が署名または押印する日を契約締結日とする**ことが多く[1]，また，それでよいと考えます。

(2) バックデートは許されるか

　では，契約書上の契約締結日をバックデートする（実際の署名押印日よりも前の時点を契約締結日とする）ことは可能なのでしょうか。

　まず，「第1章　契約の基本的事項」「1　契約とは？」でも述べたとおり，契約は，口頭であっても，「申込み」と「承諾」によって成立します。そこで，実際の署名押印日にかかわらず，両当事者が実質的に合意した日を契約締結日と定めることは，契約締結権限を有する者による確認（決裁など）を経て合意に至っている限り，問題がないものと思われます。したがって，この趣旨であれば，実際の署名押印日より前の時点を契約締結日として記載することは許さ

1　CLOUDSIGN「契約書の契約締結の日付はいつで記載するべき？決め方を解説」（https://www.cloudsign.jp/media/20190125-keiyakusyo-teiketsubi/）参照。

れるといってよいでしょう。紙の契約書に先行して，合意ができた時点でサインページを PDF で交換し，その交換を行った日を契約締結日として記載するといった工夫も考えられるところです。

　では，さらに遡って両当事者の合意よりも前の日を契約締結日と定めることはできるのでしょうか。すでに述べたとおり，契約は，「申込み」と「承諾」という両当事者の意思表示の合致（合意）によって成立しますので，合意よりも前に契約が成立することはありません。したがって，**両当事者の合意よりも前の日を契約締結日として記載することは虚偽の事実を契約書に記載することになり許されないものと考えます。**

　なお，このようなバックデートは，契約締結よりも先行してすでに取引がスタートしてしまっている場合など，契約の効力発生日を遡らせたい場合に行われることが多いと思われます。しかしながら，そもそも契約締結日と契約の効力発生日（有効期間の始期）は別のものとして区別することが可能です。実際，契約の効力発生日を契約締結日よりも後の日とすること（たとえば，「本契約の有効期間は，2024年1月1日から2024年12月31日までとする。」との条項を定めた契約書を，2023年12月20日に締結するような場合です）は，実務上極めて一般的に行われていますが，これも契約締結日と契約の効力発生日を別日としている例です。契約の効力を遡らせたいのであれば，「本契約は，●●年●月●日から遡って効力を有する。」などと定めれば足りるはずであり，**わざわざ契約締結日をバックデートする必要はありません。**

2 署名欄に関する留意点

(1) 署名欄記載事項

・契約の相手方が法人の場合

　住所，法人名，肩書，氏名および押印欄を記載します（ただし，押印については，押印がされてさえいればよいので，必ずしも「欄」として設けておく必要はありません）。

　法人名については，「株式会社」などの部分も含めて正式なものを記載します。

　また，法人自体が署名や押印をすることはできませんので，法人を代表（または代理）する者を名義人とするのが通常です。「肩書」「氏名」については，この名義人となる者の「肩書」および「氏名」を記載することになります。

> （例）　東京都港区虎ノ門一丁目1番100号
> 　　　　●●ビル10階
> 　　　　乙株式会社
> 　　　　代表取締役　幅野　直人　　　㊞

・契約の相手方が個人の場合

　住所，氏名および押印欄を記載します（法人の場合と同様，必ずしも押印「欄」が必要なわけではありません）。

> （例）　東京都港区虎ノ門一丁目1番100号
> 　　　　幅野　直人　　　㊞

(2) 住所，肩書，氏名

・契約の相手方が法人の場合

　「住所」については，契約主体となる法人を特定するため，登記上の本店所

在地を記載する方法が確実です。また，支配人（会社法10条）に当たる支店長などが契約書の名義人となる場合には，「支配人を置いた営業所」（商業登記法44条2項2号）として登記されている営業所の住所を記載することでよいでしょう。

「肩書」「氏名」については，前述のとおり，名義人となる者の**「肩書」**および**「氏名」**を記載します。契約が有効に締結されるためには，原則として当該名義人が契約締結権限を有している必要があります。契約締結権限については，「(6) 契約締結権限」で説明します。

• 契約の相手方が個人の場合

「住所」「氏名」については，契約主体となる個人を特定するため，**住民票上の住所（印鑑証明書[2]に記載された住所），氏名を記載する**方法が確実です。

個人事業主などの法人成りしていない事業者（以下「個人事業主等」といいます）の場合，住民票上の住所ではなく，実際の営業に用いている場所（営業所）の住所を契約書に記載する場合や，個人事業主等が屋号を用いている場合，住民票上の氏名ではなく，屋号を契約書に記載する場合もあります。

しかしながら，個人事業主等の場合は，法人と異なり，住所や屋号は必ずしも登記されているものではないため，営業所の住所と屋号だけの記載では，契約主体の特定として不十分な可能性があります。なお，商号登記において，屋号を「商号」として，営業に用いている場所を「営業所」として登記することは可能です。このような登記がされている場合には，登記上の「営業所」の住所と「商号」としての屋号のみの記載で特定としては十分といってよいと思います。ただし，このような登記をしている個人事業主等はあまり多くないでしょう。

また，万一，契約の相手方の所在がわからなくなってしまった場合，相手方の住民票上の住所や氏名がわからないことによって，行方を追うことができなくなってしまう可能性もあります[3]。

2　法務局に登録した印鑑（印章）を証明するものは「印鑑証明書」，各市区町村の役所に登録した印鑑（印章）を証明するものは「印鑑登録証明書」とされていることが多いですが，本書では両者をまとめて「印鑑証明書」と記載しています。

　そのため，個人事業主等であっても，「住所」については，住民票上の住所を記載させる，または，住民票上の住所を営業所住所と併記させるといった形が望ましいでしょう。また，「氏名」については，個人事業主等が屋号を有する場合には，「(屋号) こと (氏名)」と記載させ，(氏名) 部分には住民票上の氏名を記載させるのが一般的です。

　　　　　　　(例)　　東京都港区虎ノ門一丁目1番100号

　　　　　　　　　　幅野商店　こと　幅野　直人　　　　㊞

(3)　署名をもらうべきか記名でよいか

　「氏名」は，署名をもらうべきか記名でよいかという問題があります。

署名……手書きによる自署
記名……署名以外の方法で書類などに氏名を記すこと (ワープロによる印字，ゴム印など)

・文書の成立の真正

　署名をもらうべきか記名でよいかを考える前提として，民事訴訟における契約書の証拠としての効力 (形式的証拠力) について説明します。

　「第1章　契約の基本的事項」「2　契約書とは？」「(2)　契約書作成の目的」で述べたとおり，契約書は，紛争時の証拠として機能します。そして，民事訴訟法においては，契約書などの文書が証拠としての効力 (形式的証拠力) を持つには，その文書が本人 (名義人) の意思によって作成されたこと (これを「文書の成立の真正」といいます) を示す必要があるとされています (民事訴訟法228条1項)。そして，**契約書に契約の相手方本人 (またはその代理人) の署名または押印があるときには，その契約書は真正に成立したこと (本人の意思によって作成されたこと) が推定されます** (同法228条4項)。

　3　ある時点の住民票上の住所と氏名がわかっていれば，住民票の異動歴を追うなどの方法により現在の行方を追うことができる可能性が高くなります。

　つまり，（押印については後述しますが，押印の有無にかかわらず，）署名をもらっておけば，民事訴訟法228条4項の推定が及び，記名とした場合にはこの推定が及ばないということになります。したがって，基本的には，**記名よりも，署名をもらっておくほうが望ましい**ということになります。

【民事訴訟法228条1項】

> 文書は，その成立が真正であることを証明しなければならない。

【民事訴訟法228条4項】

> 私文書は，本人又はその代理人の署名又は押印があるときは，真正に成立したものと推定する。

・契約の相手方が法人の場合
　実務上は，契約当事者が法人の場合には，署名よりも，双方当事者が記名で契約書を作成する場合が多いでしょう。
　もっとも，法人の場合でも署名を禁ずるものではありません。むしろ，上記のとおり，署名であれば，民事訴訟法228条4項の推定が及びます。その結果，契約書上の署名が契約の相手方（名義人。ただし，名義人の契約締結権限については，別途問題となりえます。契約締結権限については，「(6)　契約締結権限」で説明します）によってされたものであることを示す（筆跡鑑定などの方法によるのが通常です）ことができれば，契約書の成立の真正が推定されることから，署名がもらえるのであればそのほうが望ましいです。

・契約の相手方が個人の場合
　記名よりも，**署名をもらっておくほうが望ましい**ことは上記のとおりです。
　個人の場合には，後述のとおり，三文判やシャチハタ[4]など大量生産されたハンコがあるため，実印以外のハンコで押印させる場合，契約の相手方本人以外の者が押印することが容易にできてしまいます。したがって，契約の重要性

にもよりますが，一般論としては，実印での押印を求めない（印鑑証明書の提出を求めない）場合には，署名を求めることは必須といってもよいでしょう（ただし，面前で署名してもらう場合でなければ，結局，署名が本人以外の第三者によって行われてしまうリスクは残ります）。個人の場合で，「署名なし，かつ，印鑑証明書なし」は非常にリスクが高いといえます。

(4)　印鑑（印章）[5]

　契約書に押印してもらう印鑑は，どのようなものがよいのでしょうか。

　結論からいえば，契約の相手方が法人の場合も個人の場合も実印（印鑑証明書で本人の印鑑による印影であることを証明できる印鑑）で押印してもらうのが確実です。

　押印には，いわゆる，二段の推定が及ぶとされています。その結果，契約書に押印されている印影が契約の相手方（名義人）の印鑑により顕出されたものであること（＝契約書の印影が相手方（名義人）のものと一致すること）を示しさえすれば，その契約書の成立の真正，すなわち，相手方（名義人）の意思によって作成されたものであることが推定されます。この点，実印であれば，当該印影が，契約の相手方（名義人）の印鑑により顕出されたものであることは，印鑑証明書を示すだけで足ります。契約締結時に印鑑証明書を取得していればそれを示すだけでよいですし，仮に，契約締結時に取得していなかったとしても，文書送付嘱託などの方法によりこれを示すことが可能です。このように，契約書には，実印で押印してもらうことが望ましいのです。

【二段の推定】

　本人の印鑑（印章）で押印されているのであれば，本人の意思に基づいて押印されたと推定され（一段目の推定。最判昭和39年5月12日民集18巻4号597頁参

4　三文判とは，大量生産されている（比較的安価な）ハンコをいいます。便宜上，シャチハタ（スタンプ印）と書き分けていますが，シャチハタもこの意味では三文判の一種です。
5　本来的には，「印鑑」とは，印影，特に実印や銀行届出印など登録された印影のことを指す言葉です。ハンコそのものは，正式には「印章」といいますが，本書では，一般的に使用されている用法に従い，「印鑑」を「印章」の意味で用います。

照），本人の意思に基づいて押印されたのであれば，その文書は真正に成立した文書であるとの推定がされます（二段目の推定。民事訴訟法228条 4 項）。このような二段の推定が及ぶ結果，「契約書に押印されている印影が本人の印鑑により顕出されたものであること」（＝契約書の印影が本人の印鑑のものと一致すること。印鑑証明書で立証可能）を示すだけで，文書の成立の真正が推定されることになります。

• 契約の相手方が法人の場合

　法人においては，代表者印が法務局（登記所）に登録されている実印に相当します。

　したがって，この**代表者印で押印をしてもらう方法が最も確実**です。

　株式会社においては，「代表取締役印」と彫られている印鑑が代表者印として用いられていることが多いでしょう。ただし，企業によっては，実印とは別に，法務局に登録されていない「代表取締役印」が存在する場合もあります。したがって，「印鑑証明書取得の要否」で述べるとおり，印鑑証明書と合わせて印影を確認しなければ，当該印影が実印によるものかを確実に判断することはできません。

　代表者印のほかには，以下のような印鑑があります。

（ i ） 銀行印

　銀行などの金融機関への届出印として使用され，預金の引き出しなどの銀行取引に使用されます。通常，契約書に用いられることはありません。

（ ii ） 角印

　請求書や領収書などへの押印に使用されることの多い四角形の印鑑です。角印には，企業名が彫られているのが通常で，特定の個人（たとえば，代表取締役）との結びつきを示す文字は彫られていません。角印が契約書に使用されることは多くありませんが，重要性の低い契約書などにおいて角印が使用されるケースも存在するようです。

　二段の推定が及ぶためには，まず，当該印影が，契約の相手方（名義人）の印鑑により顕出されたものであることを示す必要があります。

　しかしながら，上記のとおり，角印には企業名しか彫られていないのが通常

ですから，印影からだけでは誰が押印したものか明らかになりません（もっと
も，署名欄には記名がされているのが通常であり，通常は，記名されている者
が名義人であると主張していくことになると考えられます）。また，角印は，
印鑑登録がされていませんので，当該印影が相手方（名義人）の印鑑により顕
出されたものであることを印鑑証明書によって示すことはできません。加えて，
角印を使用できる者は1人に限らない場合が多いでしょう。判例[6]では，実印
以外であっても二段の推定は及びうるものとされていますが，本人（名義人）
の意思に基づいて押印されたとの推定（二段の推定の一段目）が及ぶためには，
「当該名義人の印章であることを要し，名義人が他の者と共有，共用している
印章はこれに含まれない」とされています。

　したがって，角印が押印されている場合には，二段の推定を及ぼすことが難
しい場合が多いでしょう。

　(iii)　役職印

　「支店長」などの役職名が刻印された印鑑です。支配人（会社法10条）に当た
る支店長などが名義人となる場合やある種類または特定の事項の委任を受けた
使用人（会社法14条）が名義人となる場合など，契約書に役職印が押される
ケースは存在します。

　支配人の印鑑については法務局に登録することが可能（商業登記法12条2号
参照）ですので，印鑑証明書の交付を受ける場合には，当該支配人が登録され
ている本店または支店に関する契約である限り，役職印の押印で問題ありませ
ん（印鑑証明書の交付については，「(5)　印鑑証明書取得の要否」参照）。

　しかしながら，印鑑登録がされていない役職印が用いられる場合には，角印
と同様，印鑑証明書によって当該印影が相手方（名義人）の印鑑により顕出さ
れたものであることを示すことができず，やはり二段の推定を及ぼすことは容
易ではないでしょう（ただし，役職印を使用できる者は角印よりも限定されて
いる場合が多いと考えられます）。

　なお，支配人やある種類または特定の事項の委任を受けた使用人を含む契約
締結権限については，「(6)　契約締結権限」で説明します。

6　最判昭和50年6月12日裁判集民115号95頁。

(ⅳ) ゴム印

住所，法人名，電話番号などが印字されたハンコで，通常は，事務作業（法人名などを手書きする作業）の手間を軽減するために用いられます。契約書には，記名のためにゴム印が用いられることはありますが，押印（調印）の意味でゴム印が用いられることは通常ありません。

印鑑登録されていない点，ゴム印を使用できるものが契約締結権者に限らない点は角印と同じですが，使用できる者が角印の場合よりもさらに多いのが一般的であり，二段の推定を及ぼすことは極めて困難でしょう。

(ⅴ) 個人印

法人の契約において，個人印を使うことはほぼないでしょう。

これが認印で押印されている場合であれば，二段の推定を及ぼすことが難しい場合が多いでしょう。

また，個人の実印で押印されている場合には，印鑑証明書によって，当該印影が契約の名義人の印鑑により顕出されたものであることを示すことは一応できます。しかしながら，このような個人印が用いられる場合，法人の印鑑を使えない事情があることが推測され，そもそも当該名義人に契約締結権限があるのかが疑わしいといえるでしょう。

• 契約の相手方が個人の場合

個人においては，市区町村の役所に登録された印鑑が実印となります。上記のとおり，個人の場合にも，**実印で押印をしてもらう方法が最も確実**です。

個人の場合には，実印のほか，以下のような印鑑があります。

(ⅰ) 認印

市区町村の役所に登録されていない印鑑（実印以外の印鑑）を認印といいます。

印鑑登録されていないので，印鑑証明書によって，当該印影が契約の相手方本人の印鑑により顕出されたものであることを示すことはできません。

したがって，契約の重要性にもよりますが，契約書に押印してもらう印鑑としては不適当な場合が多いでしょう。

(ii) 三文判

　三文判とは，大量生産されている（比較的安価な）ハンコのことです。三文判を実印として印鑑登録している方もいるようですが，同じ印影のある印鑑が大量生産されているため，第三者が同じ印影のある別の印鑑を入手して押印する可能性があります。そのため，相手方本人の意思に基づいて押印されたとの推定（二段の推定の一段目）が及ばない，または，推定が及んだとしても覆ってしまうリスクが否定できません。

(iii) シャチハタ，ゴム印

　シャチハタとは，インクが内蔵されているスタンプ印です。また，個人名が彫られているゴム印も存在します。一般に，シャチハタやゴム印は，変形しやすいことから，印鑑登録が認められていません。したがって，これらは，認印の一種ということになります（ただし，文書によっては，認印としての使用すら認められていない場合もあります）。

　一般的に，シャチハタやゴム印は大量生産されており（すなわち，三文判の一種といえます），三文判のところで述べたとおり，第三者が同じ印影のある別の印鑑を入手して押印する可能性があります。また，上記のとおり変形しやすいことから，印影が変化してしまう可能性もあります。

　したがって，契約書に押印してもらう印鑑としては，いずれも不適当です。

(5) 印鑑証明書取得の要否

　契約書に実印で押印してもらった場合，「(4)　印鑑（印章）」で述べたとおり，契約時に印鑑証明書を取得していれば，それを示すだけで，「契約書に押印されている印影が契約の相手方（名義人）の印鑑により顕出されたものであること」（＝契約書の印影が相手方（名義人）の印鑑のものと一致すること）を示すことができます。そのため，印鑑証明書を取得しておくことは非常に有用です。

　もっとも，前述のとおり，仮に契約締結時に取得していなかったとしても，文書送付嘱託などの方法によりこれを示すことは可能です。しかしながら，**契約締結時に取得していなければ，そもそも契約書に押印された印影が本当に実印によるものであるかどうかを契約締結時点で確認することができません。**

したがって，やはり，契約締結時に，印鑑証明書を取得し，契約書に押印されている印影が印鑑証明書の印影と一致しているかを確認しておくことが望ましいでしょう。

• 契約の相手方が法人の場合

交付してもらえるのであればそのほうが望ましいのは上記のとおりです。

ただし，一定の重要な契約（例として，株式譲渡契約などのM&A関連契約やローン契約などのファイナンス関連契約）の場合を除き，契約締結時に印鑑証明書を交付してもらうという運用は必ずしも採られていないのが実情でしょう。

• 契約の相手方が個人の場合

個人の場合には，上記のとおり，いわゆる三文判やシャチハタなど大量生産されており，法人印と比べて，極めて容易に印鑑の入手が可能です（もっとも，法人印についても作ろうと思えば印鑑を作ることは可能であり，印鑑入手の容易性は，程度の差にすぎません）。

また，個人の場合，登記情報などがない分，法人に比べて，住所や氏名を偽ることも比較的容易であるといえるでしょう。

したがって，**契約締結時に印鑑証明書を取得し，契約書の印影が印鑑証明書の印影と一致しているか，さらには住所と氏名を偽っていないか確認しておく必要性が高い**といえます。

実務上も，契約の相手方が個人である場合には，契約締結時に印鑑証明書を求めるケースが比較的多いのではないかと思います。

(6) 契約締結権限

契約の相手方が個人である場合，契約締結権限は通常問題となりません（ただし，代理人が名義人となる場合には，代理権限の確認が必要になります）。これに対し，契約の相手方が法人である場合，契約の名義人となる者に契約締結権限があるかがしばしば問題となります。以下では，最も一般的な企業形態である**株式会社[7]の場合における契約締結権限**について解説します。

・代表取締役

　契約主体が株式会社である場合，代表取締役を契約の名義人とする，すなわち，署名欄に代表取締役の氏名を記載し（ただし，上述のとおり実務上は記名の場合が多いです），代表取締役の印鑑（代表者印）で押印する場合が多いでしょう。これは，株式会社の場合，原則として，代表取締役に契約の締結権限を含む株式会社の業務に関する包括的な代表権が与えられている（会社法349条4項）からです。このように，株式会社と契約する場合，相手方の代表取締役を名義人とする方法が最も確実です。なお，定款などによって代表取締役の権限に制限を加えることは可能ですが，かかる制限は善意の第三者には対抗できません（会社法349条5項）。したがって，代表取締役の権限を疑わせるような事情がない限り，代表取締役が締結権限を有しているかについて特別な調査は不要でしょう。

　以下では，取締役会非設置会社と取締役会設置会社に分けて，より詳細な解説を行います。なお，取締役会設置会社であるか否かは登記事項であり（会社法911条3項15号），商業登記から確認することが可能です。

（i）　取締役会非設置会社の場合

　取締役会非設置会社においては，原則として，取締役が株式会社の代表権を有します（会社法349条1項本文）。したがって，取締役会非設置会社においては，取締役は原則として契約締結権限を有している（取締役を名義人とすることで問題ない）ことになります[8]。

　ただし，代表取締役が定められている場合には，当該代表取締役が代表権を有し（会社法349条4項），代表取締役以外の取締役は代表権を有しないこととなります（同法349条1項ただし書）。したがって，取締役会非設置会社の場合で，代表取締役が定められている場合には，代表取締役を名義人とすることが確実です。なお，代表取締役が定められているかは，商業登記から確認することができます（同法911条3項14号）。

7　委員会設置会社ではない株式会社を想定しています。
8　すなわち，取締役全員が「代表取締役」であることになります（会社法47条1項参照）。江頭憲治郎『株式会社法　第8版』（有斐閣，2021年）（以下「江頭・株式会社法」といいます）422頁

(ii)　取締役会設置会社の場合

　取締役会設置会社においては，取締役会が代表取締役を選定します（会社法362条2項3号）ので，代表取締役が株式会社の代表権を有します（同法349条4項）。したがって，**取締役会設置会社の場合，やはり，代表取締役を名義人とすることが確実**です。

・（代表取締役以外の）取締役

　代表取締役や取締役会は，（代表取締役以外の）取締役に対して，特定の事項についての代理権を与える（契約締結権限を委譲する）ことができます[9]。したがって，**代理権を与えられた取締役については，その限度で契約締結権限を有します**（民法99条1項）。

　また，取締役が使用人（従業員）を兼務している場合，後述の，ある種類または特定の事項の委任を受けた使用人（会社法14条）として契約締結権限を有する場合もあるでしょう。

・支配人

　会社から会社の事業に関する包括的代理権を付与された使用人（従業員）を「支配人」といいます[10]。会社法上，「支配人は，会社に代わってその事業に関する一切の裁判上又は裁判外の行為をする権限を有する」とされ（同法11条1項），支配人が選任されている本店または支店を単位に，包括的な代理権が与えられています[11]。定款などによって支配人の権限に制限を加えることは可能ですが，かかる制限は善意の第三者には対抗できません（同法11条3項）。

　したがって，**当該本店または支店に関する契約である限り，支配人を名義人とすることで問題ありません**。なお，支配人の選任は登記事項であり，支配人が誰であるかは商業登記から確認することができます（会社法918条）。ただし，

9　江頭・株式会社法・428頁，442頁
10　支配人の意義については学説上争いがあります。山下友信「［第3章］会社の使用人等」奥島孝康＝落合誠一＝浜田道代編『新基本法コンメンタール　会社法1〔第2版〕』（日本評論社，2010年）（以下「新基本法コンメンタール」といいます）60頁
11　新基本法コンメンタール・60頁

通常の事業会社においては，支配人を置いている会社は必ずしも多くはないようです。

●ある種類または特定の事項の委任を受けた使用人（執行役員，部長，課長，係長など）

会社法は，「事業に関するある種類又は特定の事項の委任を受けた使用人は，当該事項に関する一切の裁判外の行為をする権限を有する」としています（同法14条1項）。

たとえば，会社の特定の製品の販売を所管している部署があってその部署の部長に当該製品の販売（売買契約）についての代理権が付与された場合，当該製品の販売については，部長が包括的代理権を有することとなり，反復継続される個々の取引（契約）ごとにその都度会社から代理権を授与される必要はありません。また，会社が，たとえば，「●●円以上のときには上長の決裁を要する」というような内部的な規則を定めて代理権に制限を加えたとしても，善意の第三者には対抗できません[12]（会社法14条2項。なお，善意の第三者には重過失のある第三者は含まれません[13]）。そのため，取引の相手方としても，当該部長の代理権の有無を取引ごとに確認する必要がなくなります[14]。

したがって，過去に特定の取引についての当該使用人の代理権を確認している場合やこれまで同種の取引に係る契約において当該使用人が名義人となっている場合，これらの取引と同種の取引である限り，当該使用人を名義人とすることで問題はないでしょう。ただし，会社法14条は，このような使用人がどの範囲までの代理権を有するのかについての基準を定めておらず[15]，全く同種の取引を反復継続する場合であれば別論，そうでない場合にはどの範囲までが本条による当該使用人の代理権の範囲内であると考えてよいかの判断は難しいと

12　髙橋美加「第3章　会社の使用人等」江頭憲治郎編『会社法コンメンタール1－総則・設立(1)』（商事法務，2008年）（以下「会社法コンメンタール」といいます）181頁

13　最判平成2年2月22日裁判集民159号169頁

14　会社法コンメンタール・179頁参照。

15　本条1項により使用人が有するものとみなされる代理権の範囲は，具体的事実関係に即して判断するほかなく，その意味では，本条が取引安全を促進する効果はあまり大きくないとの指摘もされています（新基本法コンメンタール62頁）。

ころです。

　なお，会社法14条が適用されるためには，ある種類または特定の事項について，代理権授与行為を含めた委任が必要（たとえば，取引勧誘行為のような事実行為のみの委任では足りない）とするのが通説的見解といわれています[16]。したがって，たとえば，「取引の交渉窓口となっている人物である」という事実だけで，当該人物に本条の適用があると即断することにはリスクがあります。また，後述する表見代表取締役や表見支配人と異なり，会社法14条は，「部長」や「課長」などの肩書の付与によって代理権の授与を認めるものではなく[17]，肩書によって代理権の存在を信じたという事情だけで本条による保護を受けることは難しい点にも注意が必要です。

(7)　契約締結権限に関する実務上の対応

　上記に述べたことからすれば，結局のところ，契約の相手方においては，代表取締役（支配人が選任されている本店または支店に関する契約である場合には支配人でも可）を名義人とすることが確実です。**代表取締役または支配人が名義人となる場合には，商業登記を確認することで，締結権限者の確認としては足りる**ことになります。商業登記については，法務局から紙の登記事項証明書を取得して確認する方法のほか，インターネット上から登記情報を確認できる登記情報提供サービス[18]を利用して確認する方法もあります。また，印鑑証明書の交付を受ける場合には，印鑑証明書に，代表取締役の氏名も記載されていますので，印鑑証明書によって確認することも可能です。

　一方で，契約の相手方において，代表取締役や支配人以外の者が契約書の名義人となる場合には，当該名義人が契約締結権限を有しているかの判断は容易ではありません。この点，契約の相手方に対して，当該名義人の契約締結権限を確認できる資料の提出を要求することも考えられるところです（たとえば，

16　会社法コンメンタール・180頁。なお，最判平成2年2月22日裁判集民159号169頁はこれと異なる見解を述べていますが，学説上は批判が多いようです（新基本法コンメンタール・62頁，会社法コンメンタール・180頁）。

17　学説には，会社法14条をこのような「表見使用人」として解釈する見解もありますが，通説・判例は否定的です（会社法コンメンタール・181頁）。

18　https://www1.touki.or.jp/

代表取締役から当該名義人への委任状を出してもらうことが考えられます。ただし，厳密にいえば，委任状に代表者印が使用されており，かつ，それを印鑑証明書で確認しない限りリスクは残ります。また，職務権限規程を出してもらうことで契約締結権限を確認することも考えられますが，やはり厳密にいえば，それが本当に有効なものかを確認することは難しいでしょう）。もっとも，実務上の実態としては，契約の相手方に対して，このような資料の提出を要求することはむしろまれであると思います。

　契約の相手方にどこまで要求すべきかは，**当該取引の規模や重要性，相手方との取引実績，交渉経過，相手方の企業規模，名義人となる者の肩書と契約内容のバランス，さらには，前述の会社法14条や後述の法律上の救済の適用可能性などの事情**によって変わってきます。契約書は，「第1章　契約の基本的事項」「1　契約とは？」で述べたとおり，商談や条件交渉を経て締結されるものです。また，従前取引があれば，すでに相手方のことをよく知っているはずです。そのため，これらのやりとりを通じて相手方が信頼できる場合であれば，契約締結権限が問題となるリスクはそもそも低いといってよいでしょう。一方で，たとえば，契約の相手方が中小企業である場合，名義人が代表取締役以外の者となっている場合には，当該名義人の契約締結権限の有無について慎重になるべきかもしれません。それが，取引実績がない相手方である場合や，取引規模が大きい場合などは一層注意が必要になります。このような場合には，契約の相手方に対し，代表取締役を名義人にすることを要求することが望ましいでしょう。なお，中小企業の場合には，日常的に大量の契約を行っている大企業に比べ，代表取締役を名義人とすることにそれほど支障がない場合が多く，相手方の抵抗も少ないことが予想されます。

(8)　法律上の救済

　仮に，契約の相手方の名義人が，真実，契約締結権限を有していなかったとしても，以下に述べる表見代表取締役や表見支配人，民法上の表見代理の規定が適用（または類推適用）されることによって救済される（契約の効果が相手方の会社に帰属する）場合があります。

• 表見代表取締役（社長，副社長，専務取締役，常務取締役など）

　会社法は，株式会社が「代表取締役以外の取締役に社長，副社長その他株式会社を代表する権限を有するものと認められる名称を付した場合」には，その取締役が行った行為について，善意の第三者に対しては会社に責任を負わせています（同法354条。いわゆる表見代表取締役）。

　したがって，真実は代表権を有しない者であっても，会社から，代表権を有しているかのような外観が取締役に与えられている場合（社長，副社長その他株式会社を代表する権限を有するものと認められる名称の肩書を付した名刺を使用させている場合やこれらの肩書をウェブサイトに掲載している場合などが考えられます），契約の相手方が善意である場合には，当該取締役が締結した契約の効果が会社に帰属することとなります。ただし，善意であっても重過失がある場合には悪意と同視されます[19]。

　「専務取締役」や「常務取締役」も「株式会社を代表する権限を有するものと認められる名称」に当たるとの考え方が有力です[20]。また，取締役ですらない使用人に「常務取締役」の肩書を与えていた場合について，商法262条（現会社法354条）を類推適用した判例[21]もあります。

• 表見支配人（支配人，支店長，支社長，出張所長など）

　会社法は，会社が「会社の本店又は支店の事業の主任者であることを示す名称を付した使用人は，当該本店又は支店の事業に関し，一切の裁判外の行為をする権限を有するものとみなす」としています（同法13条本文）。「会社の本店又は支店の事業の主任者であることを示す名称」については，「支配人」，「支店長」，「支社長」，「出張所長」などがこれに当たると解されています[22]。したがって，これらの名称を付された使用人（従業員）が押印して締結した契約書については，その契約が当該本店または支店の事業に関するものである限り，会社に効果が帰属することとなります。

19　最判昭和52年10月14日民集31巻6号825頁
20　江頭・株式会社法・425頁参照。
21　最判昭和35年10月14日民集14巻12号2499頁
22　新基本法コンメンタール・61頁

　ただし，会社の本店または支店について，営業所の実質が備わっていること
を要すると解されています[23]。また，契約の相手方が悪意である場合には，相
手方は保護されません（会社法13条ただし書）。善意であっても，重過失がある
場合には「悪意」に含まれると解されています[24]。

● 民法上の表見代理

　上記のほか，民法上の表見代理の規定（民法109条，110条および112条）の適
用（または類推適用）によって，相手方の会社に契約の効果を帰属できる場合
もあるでしょう。

(9)　押印代行

　実務においては，契約書の名義人となっている者（たとえば，代表取締役）
ではない者（法務部，総務部，秘書など）が契約書に実際の押印を行っている
という場合が少なからずあると思います。

　このような押印代行についても，秘書などによる押印が，**契約書の名義人と
なっている者の意思に基づいて行われている場合には，当該押印は当該名義人
によって行われたものと考えて問題ないものと思われます**[25]。

　ただし，目の前で押印してもらう場合を除き，契約の相手方の押印代行が名
義人の意思に基づいて行われているかどうかはもちろん，そもそも押印代行が
行われている事実すらほぼわかりようがない状況です。そのため，仮に万一，
契約の相手方の名義人となっている者が，後になって自身が押印したこと（自
身の意思に基づいて押印されたこと）を否定した場合には，契約が有効に締結
されていない（契約の効果を相手方の会社に帰属させられない）リスクが一応
存在します。

　しかしながら，名義人の印鑑で押印されている以上，名義人の意思に基づい
て押印されたと推定されます（二段の推定の一段目）ので，名義人が押印した

23　前掲注22と同じ。
24　前掲注22と同じ。
25　宮内宏『Q&A電子契約入門』（中央経済社，2022年）（以下「電子契約入門」といいま
　　す）120頁参照。

のではないと主張するのであれば，それを主張する相手方の会社のほうでこの推定を覆す必要が出てきます。また仮に，名義人の意思に基づいて押印されたとの推定を覆すような事情が出てきたとしても，上記のとおり，契約の相手方において押印代行が行われている事実はほぼわかりようがない状況ですので，契約の相手方の押印代行が名義人の意思に基づかずに行われていることについて，善意無過失であるといえる場合がほとんどでしょう。

　したがって，代行者が全くの無権限者でもない限り「(8)　法律上の救済」で述べたように，民法の表見代理の規定（たとえば，代行者が名義人の意思に基づいて押印をする権限を与えられている場合には，民法110条の適用または類推適用）などによって救済される場合が多いと考えられます。ただし，**契約の相手方において契約書の名義人の意思に基づかない押印代行がされることをうかがわせるような事情がある場合には，相手方の名義人に対して意思確認を行っておくなどの手当を行っておくべきでしょう。**

(10)　電子契約の場合

　本章におけるここまでの記述は，「2　署名欄に関する留意点」のうち，「(3)　署名をもらうべきか記名でよいか」，「(4)　印鑑（印章）」，「(5)　印鑑証明書取得の要否」および「(9)　押印代行」を除き，電子契約の場合でも基本的に共通します。ここでは，電子契約特有の議論について解説します。現在多数の会社が電子契約サービスを提供していますが，結論からいえば，**重要な契約においては，利用する電子署名について，電子署名法3条の推定を受ける可能性の高い電子契約サービスを利用すべきでしょう。**

・電子署名

　電子契約の場合，契約書は電子文書で作成されますので，手書きによる署名も，印鑑（印章）による押印もすることはできません。代わりに，電子契約の場合には，電子署名を行います。

　電子署名という言葉は，電子文書の作成者を明示するもの全般を広く指すもの（電子署名法[26]上の「電子署名」と区別する趣旨で，これを「電子サイン」と呼ぶこともあります）として用いられる場合もあります[27]が，**電子署名法上**

の「電子署名」に該当するためには，同法2条1項で定める要件を満たす必要
があります。

【電子署名法2条1項】

> この法律において「電子署名」とは，電磁的記録（中略）に記録することがで
> きる情報について行われる措置であって，次の要件のいずれにも該当するものを
> いう。
> 一　当該情報が当該措置を行った者の作成に係るものであることを示すためのも
> 　　のであること。
> 二　当該情報について改変が行われていないかどうかを確認することができるも
> 　　のであること。

　1号は，「本人性」の要件とも呼ばれますが，電子署名を行った者を示すも
のであることを要求しています。2号は，「非改ざん性」の要件とも呼ばれま
すが，電子文書の改ざんの有無を確認（検知）する機能を有することを要求し
ています。現状においては，**公開鍵暗号方式を応用した「デジタル署名」と呼
ばれるもののみがこれに該当する**といわれています[28]。タブレットにタッチペ
ンでサインをした画像や印影を電子文書に貼り込むような方法は，電子署名法
上の「電子署名」とはいえません。
　そして，**電子署名法3条**は，①「本人による」ものであること，②（電子署
名法2条1項の）「電子署名」であること，③「これを行うために必要な符号
及び物件を適正に管理することにより，本人だけが行うことができることとな
るもの」であることを要件として，**成立の真正性**，すなわち，当該電子文書
（電子契約）が本人の意思に基づいて作成されたことについての推定を認めて
います。

26　電子署名及び認証業務に関する法律。本書では「電子署名法」といいます。
27　電子契約入門・34頁
28　電子契約入門・38頁

【電子署名法3条】

> 電磁的記録であって情報を表すために作成されたもの（公務員が職務上作成したものを除く。）は，当該電磁的記録に記録された情報について**本人による電子署名**（これを行うために必要な符号及び物件を適正に管理することにより，本人だけが行うことができることとなるものに限る。）が行われているときは，真正に成立したものと推定する。

　②については，電子署名法2条1項の「電子署名」について上述したとおりです。①については，本人（電子文書の作成名義人）の意思に基づいて行われたものであること（電子契約サービス利用者と電子文書の作成名義人の同一性が確認できること）が要求されており，また，③については，暗号化などの措置を行うための符号について，他人が容易に同一のものを作成することができないと認められることが必要とされています（「固有性の要件」と呼ばれます)[29]。

　したがって，**電子署名法3条の推定効を及ばせることを考えると，**利用される電子契約サービスが，固有性の要件を満たすだけの技術的水準を有していることに加え，**電子契約サービス利用者と電子文書の作成名義人の同一性が確認されている（利用者の厳格な身元確認を行っている）**ことが重要になってきます。

　• 電子契約の種類
　電子署名には，大きく分けて，**当事者型電子署名**（契約などを行う当事者本人の電子証明書と秘密鍵を用いて署名を行うもの）と**立会人型電子署名**（当事

29　総務省＝法務省＝経済産業省「利用者の指示に基づきサービス提供事業者自身の署名鍵により暗号化等を行う電子契約サービスに関するQ&A（電子署名法第3条関係）」（令和2年9月4日）（https://www.digital.go.jp/assets/contents/node/basic_page/field_ref_resources/517ca59b-6ea4-4179-a338-8d1b51a4d40b/20210901_digitalsign_qa_02.pdf）。これによれば，固有性の要件については，①利用者とサービス提供事業者の間で行われるプロセス，②①における利用者の行為を受けてサービス提供事業者内部で行われるプロセスのいずれにおいても十分な水準の固有性が必要とされ，①については，2要素認証の仕組みが備わっていればこれを満たすと説明されています。

者本人の電子証明書や秘密鍵はなく，サービス提供事業者サーバの電子証明書および秘密鍵を用いて電子署名を行うもの）があります[30]。

　立会人型電子署名については，サービス提供事業者サーバの電子証明書と秘密鍵を用いるため，電子署名法2条1項の1号の本人性の要件を満たすか（同条項の「電子署名」といえるか）が問題になりますが，政府見解により，利用者の意思に基づいていることが明らかになる場合には，この要件を満たすこととされています[31]。また，上記のとおり，一定の要件を満たせば，電子署名法3条の推定を受けるとされています。

・電子証明書

　電子契約の場合には，**電子証明書が用いられ，これは印鑑証明書に代わるもの**といわれることもあります。ただし，法務局や市区町村の役所といった公的機関が発行機関となる印鑑証明書と異なり，電子証明書は，公的機関のみならず，民間機関が発行機関（認証局）となる場合があります。

　公的機関が発行機関となるものとしては，**法人の場合には，法務局が発行する電子証明書（商業登記法12条の2）**が，**個人の場合には，マイナンバーカードの電子署名機能のための電子証明書**があります（ただし，後者については，電子証明書の電子証明書失効情報を入手できる者が限定されている（公的個人情報認証法[32]17条）ため，これらの者以外は，電子証明書の有効性の検証を自ら行うことができず，署名検証者（同法17条4項）に署名検証業務を委託する必要があります）。これらの電子証明書については，紙の契約書でいえば，実印を押印してもらい，印鑑証明書の交付を受けた場合と同等の信頼性を有するといってよいでしょう。

　民間機関が発行機関となるものは，認証業務（電子署名法2条2項）といわれ，認証業務のうち「その方式に応じて本人だけが行うことができるものとして主

30　電子契約入門・74頁
31　総務省＝法務省＝経済産業省「利用者の指示に基づきサービス提供事業者自身の署名鍵により暗号化等を行う電子契約サービスに関するQ&A」（令和2年7月17日）（https://www.digital.go.jp/assets/contents/node/basic_page/field_ref_resources/517ca59b-6ea4-4179-a338-8d1b51a4d40b/20210901_digitalsign_qa_01.pdf）
32　電子署名等に係る地方公共団体情報システム機構の認証業務に関する法律

務省令で定める基準に適合するものについて行われる」ものを特定認証業務
（同条3項），さらに，特定認証業務のうち主務大臣の認定を受けたものを認定
認証業務（同法4条）といいます。認定認証業務は，いわば国のお墨付きを受
けたものですので，**認定認証業務によって発行された電子証明書に基づく電子
署名は，高い信頼性を有する**といってよいでしょう。認定認証業務以外の認証
業務については，**厳格な身元確認を行っている**（かつ，それを資料により示す
ことができる）場合には信頼性は高いといえますが，そうでない場合には，信
頼性は低いといわざるをえません。

　また，**立会人型電子署名の場合**には，サービス提供事業者サーバの電子証明
書を用いるため，当事者本人名義の**電子証明書はそもそも発行されません**。

• 本人確認の厳格性

　上記のとおり，電子署名法3条の推定効が及ぶためには，本人（電子文書の
作成名義人）の意思に基づき行われたものであることが必要とされていること
から，**電子契約サービス利用者と電子文書の作成名義人の同一性が確認されて
いる（利用者の厳格な身元確認を行っている）ことが重要**になってきます（た
だし，厳密にいえば，同法3条の推定効を得るためには，裁判時点で同一性を
確認できればよいため，同一性確認が電子契約サービス利用開始時や電子証明
書取得時にされている必要はありません。とはいえ，事後的に同一性を確認す
ることは，相当の労力や困難性を伴う場合が多いのではないかと思います）。
なお，一般的には，当事者型電子署名の電子契約サービスのほうが，立会人型
電子署名の電子契約サービスの場合に比べて厳格な身元確認を行っている場合
が多いです（むしろ，立会人型電子署名の電子契約サービスは，簡易な手続で
サービスを利用できることを売りにしている場合が多いです。メールアドレス
のみで利用できるサービスは，便利ではありますが，相手方がフリーアドレス
を使用しているような場合には，かなりリスクが高いといえます）。

　締結する契約の重要性の程度に応じて，電子契約サービスを使い分けるので
あれば問題はありませんが，**重要な契約においては，やはり，厳格な身元確認
が行われているサービスを選択しておくべき**でしょう。

• 契約締結権限

「(6) 契約締結権限」や「(7) 契約締結権限に関する実務上の対応」で述べたところは，基本的に電子契約でも共通します。

したがって，契約の相手方が株式会社である場合，**代表取締役**（支配人が選任されている本店または支店に関する契約である場合には支配人でも可）**を名義人とする電子署名をもらっておくのが最も確実**ということになります。また，**代表取締役や支配人以外の者が電子契約の名義人となる場合には，その者が契約締結権限を有しているかについては一定の注意が必要でしょう**（なお，電子委任状法[33]に基づいて，名義人の権限を記載した電子証明書を発行する方法もあります）。

• 署名代行

紙の契約書における押印代行同様，電子契約における実務においては，電子署名の署名代行が行われていると考えられます。「(9) 押印代行」で述べたとおり，紙の契約書においては，目の前で押印してもらう場合を除き，契約の相手方の押印代行が名義人の意思に基づいて行われているかどうかはもちろん，そもそも押印代行が行われている事実すら，ほぼわかりようがない状況です。

これに対して，電子署名においては，契約の相手方が電子署名の署名代行を行った場合，とりわけ，立会人型電子署名の多くで行われているメールアドレスによって認証を行う方式によって代行者が自らのメールアドレスを用いて電子署名を施した場合，契約の相手方が署名代行を行ったことは明らかにわかります。このような代行者名義での電子署名については，そのような電子署名を無効だとする考え方も存在するところです[34]。

したがって，電子契約においては，**代行者名義での署名代行は避けておく**（相手方がそのようなことをしていたら，名義人自ら電子署名を行う形に変更してもらう）のが望ましい対応であると考えられます。

---

33 電子委任状の普及の促進に関する法律。本書では「電子委任状法」といいます。
34 電子契約入門・122頁。ただし，同書籍は，本人（名義人）が操作を代行者に委任して行われる署名代行（本人が自身のIDと秘密鍵を代行者に共有して行う方法を想定していると思われます）については，本人の指示に基づいて行われる限り有効であると考えています（120頁，121頁）。

3　契約書作成通数，割印・契印・消印・訂正印，印紙税

(1)　契約書作成通数

　契約当事者数分（当事者が2者なら2通，3者なら3通）の契約書原本を作成し，各当事者が1通ずつ保管するのが通常です。

　印紙税節約などの理由[35]から，一部当事者が写し（コピー）のみを保管するというような場合がありますが，写しは，原本に比べて偽造や変造の可能性が高く，特に裁判において証拠として提出する場合，相手方から偽造や変造であるといった主張がされるリスクが生じます。自社保管分は原本であることが望ましいでしょう。

(2)　割印

　上記のとおり，契約書は当事者数分作成するのが通常ですので，同一内容の契約書が複数存在することになります。これら複数の契約書が相互に同内容であることを証するため，両契約書にまたがって各当事者が押印するのが「割印」です。

　契約書の署名欄に押印した印鑑と同じ印鑑を用いる必要はありません。

35　ただし，写しであっても，課税文書に該当する場合があります（印紙税法基本通達19条2項）。

【割印】

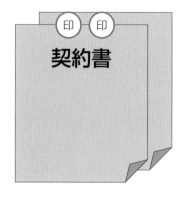

(3)　契印

　契約書が複数枚になる場合には，紙の抜き取りや追加がされてしまうリスクがあります。このような抜き取りや追加がされておらず，各ページが一体の契約書であることを証するため，見開き部分の継ぎ目にまたがって各当事者が押印するのが「契印」です。ページ数が多い場合にも，すべての見開き部分に押印をする必要があります。

　契約書の署名欄に押印した印鑑と同じ印鑑を用います。

【契印（製本しない場合）】

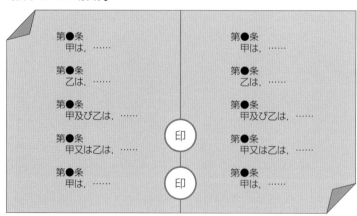

契約書が製本されている場合には，見開き部分に押印する必要はなく，裏表紙の製本テープと裏表紙紙面にまたがるように契印を押印することで足ります。上記のとおり，見開き部分に押印する場合には，すべての見開き部分に契印を押印する必要がありますので，ページ数が多い契約書の場合には，製本してしまったほうが簡便です。

【契印（製本する場合）】

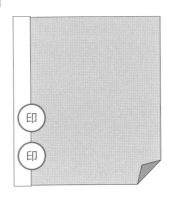

⑷　消印

契約書に貼付された収入印紙の再利用を防ぐため，契約書紙面と収入印紙にまたがるように押印することになっており（印紙税法8条2項，印紙税法施行令5条），これを「消印」といいます。

印紙の再利用を防ぐ目的ですので，契約書の署名欄に押印した印鑑でなくてもよく，作成者の代理人，使用人その他の従業者の印鑑または署名による方法でも足りることになっています。また，必ずしも契約当事者全員が押印する必要はなく，だれか1人が押印すれば足ります。

【消印】

(5)　訂正印

　契約書の締結後に契約文言を訂正する必要が生じることがあります。訂正箇所が多い場合には，別途，修正のための覚書などを締結するのが通常ですが，訂正が些細なものである場合には，締結済みの契約書を訂正する場合があります。この場合，削除したい文言を二重線で削除し，追加が必要な場合には必要な追記を行います。そのうえで，左記の修正箇所に，契約当事者全員が訂正印を押印します。訂正印は，契約内容を変更するものですので，変更権限のある者（通常は，契約書の署名欄に押印した者）の印鑑で行うことになります。

　なお，あらかじめ文書の余白に押印しておき，後に誤りが判明した場合に訂正印として使用する「捨印」というものもありますが，契約書の内容を勝手に修正されるリスクがあるため，契約書において「捨印」が用いられることは通常ありません。

(6)　印紙税

　契約書には印紙税がかかるものがあります（印紙税法2条。別表第一「課税物件表」）。納税義務を負うのは，文書（契約書）の作成者です（同法3条1項）が，1つの文書を2者以上が共同して作成した場合には，共同して作成した者が連帯して印紙税を納める義務を負うことになっています（同法3条2項）。上記のとおり，契約当事者数分の契約書を作成するのが通常ですので，通常は，契約

書の当事者数分の収入印紙が必要となり，契約当事者で折半してこれを負担することが多いでしょう（民法558条参照）。

収入印紙を貼らなかったとしても，契約の効力に影響を与えるわけではありませんが，印紙を貼らないことは納税義務違反になり，また，過怠税が課されることになります（印紙税額の3倍（印紙税法20条1項）。ただし，自主的に申出をした場合には，1.1倍（同条2項））。

国税庁のウェブサイト[36]（下表）や書籍[37]などから印紙税額を確認し，課税文書として印紙税がかかるものであるかどうか，具体的にいくらの印紙税となるかを確認し，きちんと収入印紙を貼付するようにしましょう。

36 https://www.nta.go.jp/publication/pamph/inshi/pdf/zeigaku_ichiran_r0204.pdf
37 佐藤明弘編著『印紙税実用便覧 令和5年7月改訂』（法令出版，2023年）など。

印紙税額一覧表

令和5年4月現在

> 10万円以下又は10万円以上……10万円は含まれます。
> 10万円を超え 又は10万円未満…10万円は含まれません。

番号	文書の種類（物件名）	印紙税額（1通又は1冊につき）	主な非課税文書
1	1 不動産，鉱業権，無体財産権，船舶若しくは航空機又は営業の譲渡に関する契約書 （注）無体財産権とは，特許権，実用新案権，商標権，意匠権，回路配置利用権，育成者権，商号及び著作権をいいます。 （例）不動産売買契約書，不動産交換契約書，不動産売渡証書など 2 地上権又は土地の賃借権の設定又は譲渡に関する契約書 （例）土地賃貸借契約書，土地賃料変更契約書など 3 消費貸借に関する契約書 （例）金銭借用証書，金銭消費貸借契約書など 4 運送に関する契約書 （注）運送に関する契約書には，用備契約書を含み，乗車券，乗船券，航空券及び送り状は含まれません。 （例）運送契約書，貨物運送引受書など	記載された契約金額が 　10万円以下のもの　　　　　　　　200円 　10万円を超え 50万円以下のもの　400円 　50万円を超え 100万円以下 〃 　1千円 　100万円を超え 500万円以下 〃 　2千円 　500万円を超え1千万円以下 〃 　1万円 　1千万円を超え5千万円以下 〃 　2万円 　5千万円を超え 1億円以下 〃 　6万円 　1億円を超え 5億円以下 〃 　10万円 　5億円を超え 10億円以下 〃 　20万円 　10億円を超え 50億円以下 〃 　40万円 　50億円を超えるもの　　　　　　60万円 契約金額の記載のないもの　　　　200円	記載された契約金額が1万円未満（※）のもの ※ 第1号文書と第3号から第17号文書とに該当する文書で第1号文書に所属が決定されるものは，記載された契約金額が1万円未満であっても非課税文書となりません。
	上記の1に該当する「不動産の譲渡に関する契約書」のうち，平成9年4月1日から令和6年3月31日までの間に作成されるものについては，契約書の作成年月日及び記載された契約金額に応じ，印紙税額が軽減されています。 　平成26年4月1日から令和6年3月31日までの間に作成されるものについては，右欄のとおりです。 （注）契約金額の記載のないものの印紙税額は，本則どおり200円となります。	【平成26年4月1日～令和6年3月31日】 記載された契約金額が 　50万円以下のもの　　　　　　　200円 　50万円を超え 100万円以下のもの　500円 　100万円を超え 500万円以下 〃 　1千円 　500万円を超え1千万円以下 〃 　5千円 　1千万円を超え5千万円以下 〃 　1万円 　5千万円を超え 1億円以下 〃 　3万円 　1億円を超え 5億円以下 〃 　6万円 　5億円を超え 10億円以下 〃 　16万円 　10億円を超え 50億円以下 〃 　32万円 　50億円を超えるもの 〃 　48万円	
	請負に関する契約書 （注）請負には，職業野球の選手，映画（演劇）の俳優（監督・演出家・プロデューサー），プロボクサー，プロレスラー，音楽家，舞踊家，テレビジョン放送の演技者（演出家，プロデューサー）が，その者としての役務の提供を約することを内容とする契約を含みます。 （例）工事請負契約書，工事注文請書，物品加工注文請書，広告契約書，映画俳優専属契約書，請負金額変更契約書など	記載された契約金額が 　100万円以下のもの　　　　　　200円 　100万円を超え 200万円以下のもの　400円 　200万円を超え 300万円以下 〃 　1千円 　300万円を超え 500万円以下 〃 　2千円 　500万円を超え1千万円以下 〃 　1万円 　1千万円を超え5千万円以下 〃 　2万円 　5千万円を超え 1億円以下 〃 　6万円 　1億円を超え 5億円以下 〃 　10万円 　5億円を超え 10億円以下 〃 　20万円 　10億円を超え 50億円以下 〃 　40万円 　50億円を超えるもの　　　　　　60万円	記載された契約金額が1万円未満（※）のもの ※ 第2号文書と第3号から第17号文書とに該当する文書で第2号文書に所属が決定されるものは，記載された契約金額が1万円未満であっても非課税文書となり

		契約金額の記載のないもの　　　　200円	ません。
2	上記の「請負に関する契約書」のうち，建設業法第2条第1項に規定する建設工事の請負に係る契約に基づき作成されるもので，平成9年4月1日から令和6年3月31日までの間に作成されるものについては，契約書の作成年月日及び記載された契約金額に応じ，印紙税額が軽減されています。 　平成26年4月1日から令和6年3月31日までの間に作成されるものについては，右欄のとおりです。 　(注)　契約金額の記載のないものの印紙税額は，本則どおり200円となります。	【平成26年4月1日～令和6年3月31日】 記載された契約金額が 　200万円以下のもの　　　　　　　　200円 　200万円を超え 300万円以下のもの　500円 　300万円を超え 500万円以下〃　　1千円 　500万円を超え1千万円以下〃　　5千円 　1千万円を超え5千万円以下〃　　1万円 　5千万円を超え　1億円以下〃　　3万円 　1億円を超え　5億円以下〃　　6万円 　5億円を超え　10億円以下〃　16万円 　10億円を超え 50億円以下〃　32万円 　50億円を超えるもの　　　　　　48万円	
3	約束手形，為替手形 　(注)　1　手形金額の記載のない手形は非課税となりますが，金額を補充したときは，その補充をした人がその手形を作成したものとみなされ，納税義務者となります。 　　　2　振出人の署名のない白地手形(手形金額の記載のないものは除きます。)で，引受人やその他の手形当事者の署名のあるものは，引受人やその他の手形当事者がその手形を作成したことになります。	記載された手形金額が 　10万円以上　　100万円以下のもの　200円 　100万円を超え 200万円以下〃　　400円 　200万円を超え 300万円以下〃　　600円 　300万円を超え 500万円以下〃　　1千円 　500万円を超え1千万円以下〃　　2千円 　1千万円を超え2千万円以下〃　　4千円 　2千万円を超え3千万円以下〃　　6千円 　3千万円を超え5千万円以下〃　　1万円 　5千万円を超え　1億円以下〃　　2万円 　1億円を超え　2億円以下〃　　4万円 　2億円を超え　3億円以下〃　　6万円 　3億円を超え　5億円以下〃　10万円 　5億円を超え　10億円以下〃　15万円 　10億円を超えるもの　　　　　　20万円	1　記載された手形金額が10万円未満のもの 2　手形金額の記載のないもの 3　手形の複本又は謄本
	①一覧払のもの，②金融機関相互間のもの，③外国通貨で金額を表示したもの，④非居住者円表示のもの，⑤円建銀行引受手形	200円	
4	株券，出資証券若しくは社債券又は投資信託，貸付信託，特定目的信託若しくは受益証券発行信託の受益証券 　(注)　1　出資証券には，投資証券を含みます。 　　　2　社債券には，特別の法律により法人の発行する債券及び相互会社の社債券を含みます。	記載された券面金額が 　500万円以下のもの　　　　　　　　200円 　500万円を超え1千万円以下のもの　1千円 　1千万円を超え5千万円以下〃　　2千円 　5千万円を超え　1億円以下〃　　1万円 　1億円を超えるもの　　　　　　　2万円 　(注)　株券，投資証券については，1株(1口)当たりの払込金額に株数(口数)を掛けた金額を券面金額とします。	1　日本銀行その他特定の法人の作成する出資証券 2　譲渡が禁止されている特定の受益証券 3　一定の要件を満たしている額面株式の株券の無効手続に伴い新たに作成する株券
5	合併契約書又は吸収分割契約書若しくは新設分割計画書 　(注)　1　会社法又は保険業法に規定する合併契約を証する文書に限ります。 　　　2　会社法に規定する吸収分割契約又は新設分割計画を証する文書に限ります。	4万円	

6	定　款 （注）株式会社，合名会社，合資会社，合同会社又は相互会社の設立のときに作成される定款の原本に限ります。	4万円	株式会社又は相互会社の定款のうち公証人法の規定により公証人の保存するもの以外のもの
7	継続的取引の基本となる契約書 （注）契約期間が3か月以内で，かつ更新の定めのないものは除きます。 （例）売買取引基本契約書，特約店契約書，代理店契約書，業務委託契約書，銀行取引約定書など	4千円	
8	預金証書，貯金証書	200円	信用金庫その他特定の金融機関の作成するもので記載された預入額が1万円未満のもの
9	倉庫証券，船荷証券，複合運送証券 （注）法定記載事項の一部を欠く証書で類似の効用があるものを含みます。	200円	
10	保険証券	200円	
11	信用状	200円	
12	信託行為に関する契約書 （注）信託証書を含みます。	200円	
13	債務の保証に関する契約書 （注）主たる債務の契約書に併記するものは除きます。	200円	身元保証ニ関スル法律に定める身元保証に関する契約書
14	金銭又は有価証券の寄託に関する契約書	200円	
15	債権譲渡又は債務引受けに関する契約書	記載された契約金額が1万円以上のもの 200円 契約金額の記載のないもの 200円	記載された契約金額が1万円未満のもの
16	配当金領収証，配当金振込通知書	記載された配当金額が3千円以上のもの 200円 配当金額の記載のないもの 200円	記載された配当金額が3千円未満のもの
17	1　売上代金に係る金銭又は有価証券の受取書 （注）1　売上代金とは，資産を譲渡することによる対価，資産を使用させること（権利を設定することを含みます。）による対価及び役務を提供することによる対価をいい，手付けを含みます。 2　株券等の譲渡代金，保険料，公社債及び預貯金の利子などは売上代金から除かれます。 （例）商品販売代金の受取書，不動産の賃貸料の受取書，請負代金の受取書，広告料の受取書など	記載された受取金額が 100万円以下のもの 200円 100万円を超え 200万円以下のもの 400円 200万円を超え 300万円以下 〃 600円 300万円を超え 500万円以下 〃 1千円 500万円を超え1千万円以下 〃 2千円 1千万円を超え2千万円以下 〃 4千円 2千万円を超え3千万円以下 〃 6千円 3千万円を超え5千万円以下 〃 1万円 5千万円を超え 1億円以下 〃 2万円 1億円を超え 2億円以下 〃 4万円 2億円を超え 3億円以下 〃 6万円	次の受取書は非課税 1　記載された受取金額が5万円未満のもの 2　営業に関しないもの 3　有価証券，預貯金証書など特定の文書に追記した受取書

		3億円を超え　5億円以下　〃　　10万円 5億円を超え　10億円以下　〃　　15万円 10億円を超えるもの　　　　20万円	
		受取金額の記載のないもの　　　200円	
	2　売上代金以外の金銭又は有価証券の受取書 （例）借入金の受取書，保険金の受取書，損害 　　　賠償金の受取書，補償金の受取書，返還 　　　金の受取書など	200円	
18	預金通帳，貯金通帳，信託通帳，掛金通帳，保険料通帳	1年ごとに　　　　　　　　　200円	1　信用金庫など特定の金融機関の作成する預貯金通帳 2　所得税が非課税となる普通預金通帳など 3　納税準備預金通帳
19	消費貸借通帳，請負通帳，有価証券の預り通帳，金銭の受取通帳などの通帳 （注）18に該当する通帳を除きます。	1年ごとに　　　　　　　　　400円	
20	判 取 帳	1年ごとに　　　　　　　　　4千円	

(7)　電子契約の場合

　電子契約の場合には，各自が電磁的記録を保管し，別途，紙の契約書を作成することはしないのが通常でしょう。したがって，「割印」や「契印」という概念はありません。「訂正印」を押すこともできないので，修正の覚書などを別途作成する方法により修正することとなるでしょう[38]。

　また，電子契約のみで紙の契約書を作成しない場合には，現行法上，印紙税はかかりません[39]。したがって，そもそも収入印紙を貼付しないことから，「消印」をする必要もありません。

　近年，電子契約が増えている背景には，紙の契約書への押印や郵送によるやりとりの手間を省くことができるということ，特にリモートワークの拡大の影響が大きいと思いますが，それだけではなく，印紙税を節約することができるという側面も大きいのではないかと思います。

38　電子契約入門・117頁
39　平成17年第162回国会答弁で確認されています。

●演習問題●

　第3章では，契約締結時の留意点について解説しました。署名や押印に関するルールは契約書に関する書籍などでも言及されていることはあまり多くない印象ですが，非常に重要な事項ですのでしっかりと確認しておきましょう。

① 契約の効力を過去の時点まで遡らせたい場合，契約書に記載する契約締結日に，実際の締結日より前の日付を記載する（バックデートする）ことが望ましい。

② 契約の相手方が個人事業主で屋号を用いている場合，契約書の署名欄には，当該個人事業主の屋号のみを記載すれば足り，氏名を記載する必要はないのが通常である。

③ 契約書の署名欄に記載されている当事者名が記名であるか署名であるかが，当該契約書についての民事訴訟における証拠としての効力（形式的証拠力）に違いを生じさせることはない。

④ 契約当事者が法人の場合，法人の代表者以外の者にも契約締結権限が存在する場合がある。

⑤ 印鑑証明書は文書送付嘱託などの方法により取得することができるため，契約締結時に契約の相手方から印鑑証明書をもらっておく必要性は低い。

⑥ 契約の相手方において交渉窓口となっている人物が契約書に押印するのであれば，当該人物の契約締結権限が問題となることはない。

⑦ 契約の相手方において「部長」の肩書を有している者の役職印が契約書に押印されるのであれば，当該人物の契約締結権限が問題となることはない。

⑧ 電子契約サービスを利用する場合，特に重要性の高い契約においては，厳

格な身元確認が行われているサービスを選択することが望ましい。

⑨　契約書を訂正印によって修正する場合，契約当事者のうちどちらか一方の
みが訂正印を押印すれば足りる。

⑩　電子契約のみで紙の契約書を作成しない場合には，現行法上，印紙税はか
からない。

答え：① ×，② ×，③ ×，④ ○，⑤ ×，⑥ ×，⑦ ×，⑧ ○，⑨ ×，⑩ ○

第 **4** 章

契約書の構成と文例

1　はじめに

(1)　本章の狙い

　本章では，一般的・典型的な契約書の構成と文例・条項例を示すとともに，これらについての解説を行います。第2章同様，契約書業務の経験がない方，または乏しい方を想定し，そのような方が，定評ある法律家向けの専門書を読んで，その内容を十分に理解できるようになるまでの間をつなぐ"基礎的な知識"を解説することを狙いとしています。

　また，解説にあたっては，文例・条項例の意味のみならず，レビューの際に気をつけるべきポイントにも言及するようにしています。契約書レビューに関する実践的なノウハウを知ってもらうことが，本章のもう1つの狙いです。

　一般条項については，契約書に頻繁に登場するにもかかわらず，契約書レビューにおいて軽視されがちな傾向があるように思います。本章では，意識的に丁寧な解説をするように心がけましたので，この機会に一般条項についての理解を深めていただければと思います。

(2)　留意点

　契約書業務の経験がない方，または乏しい方にとって，まずは，一般的・典型的な契約書の形を知ることが，契約書への理解を深めるための第一歩であると考えます。本章で解説する内容は，一般的・典型的な例を示すものであり，実際の契約書には，本章で解説する契約書の構成とは異なる構成のもの，本章で解説する文例・条項例とは全く異なる文言で定められているものも多く存在することにはご留意ください。

2　一般的な契約書の構成

　契約書は，一般的に，以下のような構成になっていることが多いです。ただし，構成は契約書によって様々であり，特に，括弧で示した部分については，契約書によっては，定められていない場合が多くあります。

- 契約書タイトル
- 契約書前文
- 目的
- （・定義）
- 当該取引類型（または当該取引それ自体）固有の条項
- 一般条項
- 契約書後文
- 契約締結日
- 署名欄
- （・別紙，添付書類など）

　以下では，各事項について，1つずつ説明していきます。

3　契約書タイトル

(1)　契約書タイトルの決め方

取引の実態に合った契約書名を契約書タイトル（契約書名）とします。

　たとえば,「業務委託契約書」,「取引基本契約書」,「秘密保持契約書」といったような契約書タイトルは,実務上もよく使用されています。

　契約書タイトルの決め方については,定まったルールがあるわけではありません。必ずしも,法律上に定められた契約の名称を契約書タイトルとしなければならないわけではなく,実際にも,たとえば,民法上の分類では準委任契約（民法656条）に該当する契約書の多くに,「業務委託契約書」というタイトルが付されています。取引の内容をわかりやすく示すものでありさえすれば,契約書にどのようなタイトルを付すかは基本的に自由ということです。

　もっとも,実務上は,取引類型に応じてよく使用されている契約書タイトルが存在する場合が多いです。たとえば,継続的に行うことが予定されている売買契約や製作物供給契約などの取引について共通して適用されるルールを定める契約書には,多くの場合,「取引基本契約書」というタイトルが付されています。このように,**実務上よく使用される契約書タイトルが存在する取引類型の場合には,そのタイトルに合わせておくのがよいでしょう。**そうすることで,契約の相手方や第三者（裁判所など）からも,その契約書が想定している取引の内容を予測しやすくなることが期待できます。

(2)　覚書,合意書

　契約書タイトルを「●●契約書」ではなく,「●●に関する覚書」や「●●に関する合意書」などとする場合もあります。

　実務上,「覚書」は,既存の契約内容の一部を変更する内容の合意（「契約変更覚書」などと呼ばれます）や既存の契約期間を延長する内容の合意（「契約延長覚書」などと呼ばれます）など比較的簡易な内容の合意を行う場合に用いられる場合が多く,また,「合意書」については,取引に関しない事項に関す

る合意（不法行為についての示談など）を行う場合に用いられることが多いでしょう。もっとも，タイトルを「契約書」，「覚書」，「合意書」のいずれとするかについて，「必ずこうしなければならない」という定まったルールがあるわけではありません。

　ここで，重要なことは，当事者間に法的な効果を生じさせる意思表示の合致があれば，タイトルが「契約書」だろうと「覚書」や「合意書」だろうと法的な効果に違いはないということです。

　実務上，事業部門担当者から，「契約書だと相手方の抵抗が強いので，覚書で締結したい」という相談を受けることは少なからずあります。この相談の趣旨が，「法的な効果は発生させたいが，相手方に強い印象を与える表現は避けたい」という趣旨であれば，タイトルを「契約書」から「覚書」に変更することは，書面の法的な効果を維持しつつ，交渉を円滑に進める手段として有効な手段である場合が多いでしょう（ただし，覚書の内容などから，当事者間に法的な効果を生じさせる意思表示の合致があることを示すことができることが前提になります）。

　一方で，この相談の趣旨が「法的な効果を生じさせたくない」という趣旨であれば，単にタイトルを変更するだけでは不十分な場合が多いでしょう。この場合には，法的な効果を持たせないことを明らかにした書面として作成する必要があります。実務上も，法的拘束力を持たせないことを意図した書面（例として，「基本合意書」，「MOU（Memorandum of Understanding）」，「タームシート」など）が作成されることはあります。ただし，この場合にも，当事者に法的な効果を生じさせる意思の合致があれば，契約としての効力が認められる可能性があり，たとえば「基本合意書」というタイトルが付されているからといって，必ず法的拘束力が否定されるというわけではありません。したがって，法的拘束力を持たせたくない場合には，その旨を書面上に明記しておくべきでしょう。

4　契約書前文

(1)　文例

> ●●株式会社（以下「甲」という。）と ●●株式会社（以下「乙」という。）とは，次のとおり●●契約（以下「本契約」という。）を締結する。

(2)　解説

契約の締結主体となる**契約当事者名**を記載します。

なお，契約当事者名は，上記文例のように略称を付すことが一般的です。略称については，「甲」「乙」「丙」「丁」「戊」のように表記することが多いですが，「委託者」と「受託者」，「売主」と「買主」などのように，契約上の立場・役割の呼称を用いる場合もあります。また，実際の当事者名を一部省略したもの（たとえば，実際の当事者名から「株式会社」表記を省く形）を用いる場合もあります。

いずれの略称を用いることでも構いませんが，契約書上，当事者の記載については誤り（たとえば，「甲」と書くべきところが「乙」になっているというようなミス）が生じやすい部分です。ドラフト中は，実際の当事者名を記載したうえで，最後に「甲」「乙」にまとめて「置換」するといった方法で誤りが生じにくいようにするといった工夫も考えられるところです。

また，前文には，契約当事者名に加え，以下のように，**契約内容の概要**（例：「●●業務の委託に関して」）や**契約締結日**（例：「●●年●月●日付で」）を記載する場合もあります。ただし，契約内容は契約書本文から読み取ることが可能ですし，契約締結日は署名欄上部に記載されるのが通常ですので，契約内容の概要と契約締結日については，必須の記載というわけではないでしょう。

　●●株式会社（以下「甲」という。）と●●株式会社（以下「乙」という。）とは，●●業務に関し，●●年●月●日付で，次のとおり●●契約（以下「本契約」という。）を締結する。

5　目的

(1)　条項例

> 第●条（目的）
> 　本契約は，●●（例：「甲が●●業務を乙に委託し，乙がこれを受託すること
> を内容とする取引に適用される事項を定めること」「甲乙間で継続的に行うこと
> が予定されている●●の売買に共通して適用される基本的事項を定めること」）
> を目的とする。

(2)　解説

　条項例の「甲が●●業務を乙に委託し，乙がこれを受託することを内容とする取引に適用される事項を定めること」は業務委託契約書の場合の文例，「甲乙間で継続的に行うことが予定されている●●の売買に共通して適用される基本的事項を定めること」は売買取引を対象とする取引基本契約書の場合の文例です。

　契約書によっては，そもそも目的規定が置かれていない，または，目的について極めて抽象的な記載しかされていない場合もありますが，**契約の目的は，契約の解釈基準となります**ので，きちんと定めておくことが望ましいでしょう。たとえば，契約書上，解除条項において，「契約をした目的を達成することができない場合」には無催告で解除できる旨が定められている場合，「契約をした目的を達成することができない」といえるかどうかの判断においては，「契約の目的が何か」ということが，その判断の前提となります。

　また，「第1章　契約の基本的事項」「(8)　法律と契約の関係」で述べたとおり，契約で定めていない事項については民法などの法律が契約に適用されることとなりますが，これらの法律の適用においても契約の目的は重要です。たとえば，民法562条1項の適用の可否を判断する際にも，「引き渡された目的物が（中略）契約の内容に適合しないものである」かどうかの判断において，「契約

の目的が何か」ということが影響を与える場合があるでしょう。

【民法562条1項】

> 引き渡された目的物が種類，品質又は数量に関して契約の内容に適合しないものであるときは，買主は，売主に対し，目的物の修補，代替物の引渡し又は不足分の引渡しによる履行の追完を請求することができる。（以下省略）

　上記の条項例は，目的を端的に記載したものですが，ここまで述べた契約の目的の重要性に鑑みると，契約書レビューにおいては，より詳細な目的を記載することも検討しておくべきです。たとえば，自社が，買主側や受託者側の立場である場合には，以下のように，目的物や委託業務についての利用目的や利用方法などを追記することが有用であると考えられます。

> 例：乙は，●年●月●日に開催されるイベントに使用するために，本製品を購入するものである。
> 例：乙は，本件土地を購入後，本件土地に賃貸向け共同住宅を建設することを予定している。
> 例：乙は，一般消費者への販売を目的として本商品を購入するものである。

(3)　条文のタイトル（見出し）

　契約書の条文には条ごとにタイトル（見出し）がつけられることが通常です。「第1条（目的）」のように，条番号の右側に括弧書きでタイトルを記載する場合が多いでしょう。

　条文タイトルの決め方については，「3　契約書タイトル」同様，定まったルールがあるわけではありません。各条項の内容に応じて実務上よく使用される条文タイトルが存在する場合が多いので，そのタイトルに合わせておくと，契約の相手方や第三者（裁判所など）にとっても，条項の内容を予測しやすくなってよいと思います。

6 定義

(1) 条項例

> 第●条（定義）
> 　本契約で用いる以下の用語は，それぞれ以下に定める意味を有する。
> 一　「本業務」とは，本契約に基づき，委託者が受託者に対して委託する清掃に
> 　　かかる業務をいい，その具体的内容は，別紙のとおりとする。
> 二　「本知的財産」とは，第●条第●項で定める意味を有する。

(2) 解説

　契約書においては，用語を定義することが頻繁に行われます。**用語の定義を明確にしておくことで，契約書上の用語が，意図した意味内容以外の意味で解釈されてしまうリスクを軽減する**ことができます。

　契約書における定義の仕方は，主に2種類あります。

　1つ目は，上記条項例のように，**定義規定を設け，定義規定上で用語を定義する方法**です。必ずしもそうなっていない場合もありますが，特に定義語が多い契約書においては，定義語の記載順を五十音順に並べることによって定義語を探しやすくしておく場合が多いでしょう。

　2つ目は，**定義規定は設けず，契約書文中でのみ定義する方法**です（例：「甲は乙に対し，別紙に定める業務（以下「本業務」という。）を委託する」）。

　なお，定義規定を設ける場合にも，契約書文中で用語を定義する場合があり，その場合には，上記条項例2号のように，定義規定上にその旨を記載することが多いです。

　どのような場合に契約書において定義規定を設けるかについての明確なルールはありませんが，文量の多い契約書の場合には，わかりやすさの観点から，定義規定を設けておくとよいでしょう。

7　当該取引類型（または当該取引それ自体）固有の条項

　契約書に定める条項は，大まかに，①その取引に固有の条項と②契約書類型にかかわらず共通して定める条項（一般条項と呼ばれます）に分けることができます。②については，「8　一般条項」で解説します。

　そして，①については，さらに，①-ⅰ その取引"類型"に共通して定めるべき条項と①-ⅱ その取引それ自体に固有の条項が存在します。

　①-ⅰ については，たとえば，売買取引についての取引基本契約書であれば，以下のような事項を定めていくことになります（詳細は，「第7章　取引基本契約書作成・レビューのポイント」を参照ください）。

- 契約の成立，効力，終了に関する基本的事項（適用範囲，個別契約との優先関係，個別契約の成立，解除など）
- 目的物に関する事項（仕様・品質保証，納入・納品，検査・検収，所有権の移転，危険負担，知的財産権の帰属，再委託など）
- 代金の支払に関する事項（代金額，支払条件，遅延損害金，相殺など）
- トラブル発生時の対応・責任の所在に関する事項（契約不適合責任，製造物責任，第三者の権利侵害など）

　これらは，「第2章　契約書レビューの作法」「3　ベースとなる契約書の準備」で述べたような方法で，同種類型の契約書やその類型の契約に関して書かれた書籍を参考にすることで，その取引類型に共通して定めるべき条項を確認することができます。

　①-ⅱ については，取引ごとに対応する必要がある部分です。「第2章　契約書レビューの作法」「6　レビューにあたっての留意点」「(5)　契約書レビューの目的を意識する」の「①当事者の意向を反映する」で述べたような当事者（事業部門担当者）からのヒアリングを通じて，当該取引の契約書に定めるべき事項を明らかにしていきます。また，契約の相手方からの要望を受けて，そのような事項が明らかになる場合もあります。これらの事項の定め方について

は，ケースバイケースであり，個別に対応していくしかありません。もっとも，具体的な契約条項のドラフティングにおいては，「第2章　契約書レビューの作法」「3　ベースとなる契約書の準備」で述べた過去事例や書籍などに記載のある契約条項などが参考になる場合が多いでしょう。また，「第2章　契約書レビューの作法」「6　レビューにあたっての留意点」「(5)　契約書レビューの目的を意識する」の「①当事者の意向を反映する」で述べたドラフティングのポイントも参考にしてください。

8　一般条項

(1)　一般条項とは

　契約書類型にかかわらず共通して定めることの多い条項は,「一般条項」と呼ばれます。

　必ずそうなっているというわけではないものの,「7　当該取引類型（または当該取引それ自体）固有の条項」を契約書の前半の条項に, 一般条項を契約書の後半の条項に定める場合が多いです。また, 一般条項は, 必ずしもすべての契約書に同じ種類の一般条項が定められているわけではありません。定められる条項やその記載順は契約書によって様々です。ここでは, 契約書上で特に見かける機会の多い以下の一般条項について, 条項例を紹介したうえで, 各条項について解説を行います。

- 秘密保持
- 反社会的勢力の排除（反社条項・暴排条項）
- 解除, 期限の利益喪失
- 損害賠償
- 不可抗力
- 権利義務の譲渡禁止（譲渡禁止（制限）特約）
- 契約期間, 契約の更新
- 中途解約
- 契約終了後の取扱い（存続条項・残存条項）
- 紛争解決条項（準拠法, 管轄）
- 協議事項（誠実協議条項）

---

(2)　秘密保持

第●条（秘密保持）
　1．甲及び乙は, 本契約の遂行の過程で相手方から開示を受けた技術上又は営業

> 上その他の一切の情報（以下「秘密情報」という。）を，事前に相手方の書面
> による承諾を得ることなく，第三者に開示又は漏洩してはならず，本契約の遂
> 行以外の目的に使用してはならない。ただし，次の各号のいずれか一つに該当
> する情報についてはこの限りではない。
> 　一　開示を受けたときに既に自ら保有していたもの
> 　二　開示を受けたときに既に公知であったもの
> 　三　開示を受けた後，自己の責によらず公知となったもの
> 　四　正当な権限を有する第三者から秘密保持義務を負うことなく適法に入手し
> 　　　たもの
> 　五　相手方から開示を受けた情報によらず独自に開発したもの
> 2．前項にかかわらず，甲及び乙は秘密情報のうち法令の定めに基づき開示すべ
> 　き情報を，当該法令の定めに基づく開示先に対し，必要最小限の範囲に限って
> 　開示することができる。
> 3．本条の規定は，本契約終了後●年間存続する。

　契約遂行の過程で，技術上，営業上その他の秘密情報を相手方に開示する場
合があります。典型的には，共同研究開発契約を締結したうえ，契約遂行の過
程で，両当事者が相互に自ら保有する技術情報を開示するような場合をイメー
ジするとわかりやすいでしょう。また，たとえば，マーケティングに関するコ
ンサルティング契約を締結する場合，委託者は，受託者に対して，取引先の情
報を開示することがあるかもしれません。

　これらの秘密情報が相手方から競合他社などの第三者に開示，漏えいされて
しまったり，相手方によって目的外に使用されてしまったりすることを防止す
るために，上記のような秘密保持条項が設けられます。秘密保持義務の主体に
ついては，当事者の一方からしか秘密情報の開示が予定されていない場合には
契約の一方当事者のみを主体とする場合もありますが，一般的には，双方当事
者が秘密保持義務を負うこととしている場合が多いと思います。

　秘密保持条項においては，①「秘密情報」の範囲，②「秘密情報」の除外事
由，③秘密情報の取扱い，④秘密保持義務の例外，⑤秘密保持義務の期間を定
めるのが一般的です。

　①「秘密情報」の範囲について，上記条項例1項柱書では，特に限定を付す
ことなく「相手方から開示を受けた（中略）一切の情報」としていますが，

「秘密情報」の範囲の定め方にはいくつかのバリエーションがあります（「第5章　秘密保持契約書作成・レビューのポイント」「3　レビューのポイント」「(3)　「秘密情報」の範囲」を参照ください）。「秘密情報」の範囲をどのように設定するかは，開示の可能性がある秘密の内容を踏まえて判断すべきことはいうまでもないですが，それだけでなく，「第2章　契約書レビューの作法」「4　契約書レビューの目的」「(6)　実効性を確保する」で述べた，事業部門における運用の可否や実態も踏まえて判断していく必要があります。

②「秘密情報」の除外事由については，除外事由として定められる内容はほぼ定型化されており，言い回しの違いはあっても，上記条項例第1項各号とほぼ同趣旨の規定が定められている場合が多いように思います。ただし，たとえば，「開示を受けたときに既に自ら保有していたことを証明できるもの」のように除外事由に該当することを主張する側に立証責任があることを明示する定め方としている契約条項もあります。このような規定がなくとも，除外事由に該当することの立証責任は情報受領者側にあると考えられます[1]が，立証責任についての争いを避ける趣旨でこういった形に修正を行うことも検討に値するでしょう。

③秘密情報の取扱いについては，上記条項例1項柱書のように，契約当事者が秘密保持義務を負うこと，すなわち，「秘密情報を第三者に開示又は漏洩してはならない」旨を定めることは必須です。それに加えて，秘密情報の目的外使用を禁止する文言を規定しておくことも必須といえるでしょう。これらに加え，より厳格な取扱いを定める規定を置くこともあります（「第5章　秘密保持契約書作成・レビューのポイント」「3　レビューのポイント」「(5)　秘密情報の取扱い」を参照ください）。特に，重要な情報をより多く開示する可能性が高い当事者側である場合には，厳格な規定を置くことを検討すべきでしょう。

④秘密保持義務の例外として，上記条項例1項柱書のように，相手方（開示側当事者）の承諾がある場合には，第三者に開示できるとしている場合が多いです。承諾は必ずしも「書面」によるものに限定する必要はありませんが，「言った言わない」の争いになることを防止する観点からは，メールなどの形

1　契約書作成の実務と書式・508頁にも同趣旨の記載があります。

に残るもので行うように定めておいたほうがよいでしょう。

　また，上記条項例には記載していませんが，「第1項にかかわらず，甲及び乙は，自己の役員及び従業員，並びに自己の弁護士，公認会計士，税理士及びコンサルタント等の外部アドバイザーに秘密情報を開示することができる」などという形で，あらかじめ承諾なしに開示可能な開示先を列挙する場合もあります。自社がグループ会社（親会社や子会社）に情報の開示を予定している場合には，開示先にグループ会社を追加することも忘れないようにしましょう。この点は，事業部門へのヒアリングにおいて，必要性を確認しておく必要があります。

　一方で，契約の相手方から，「開示先としてグループ会社を追加したい」というような要望を受けた場合，その要望を受け入れる場合にも，「グループ会社」の範囲（定義）を明確にすること（具体的な会社名を列挙する形が最も望ましいでしょう），「本契約の目的達成に必要な限度で」というような形で開示範囲を限定すること，グループ会社から秘密情報が開示または漏えいされることのないよう「ただし，本条と同等以上の秘密保持義務を当該開示先に課すことを条件とし，かつ，当該開示先への開示に伴う一切の責任を負う」といった規定を追加することなどを検討することが必要になります。また，相手方から，「自己の弁護士，公認会計士，税理士及びコンサルタント等の外部アドバイザー」の追記を求められた場合についても，たとえば，「コンサルタント等の外部アドバイザー」というのはかなり広範な表現であり，一定の範囲で限定できないかなど，開示を認める例外が不必要に広範になっていないかを検討すべきでしょう。

　さらに，上記条項例2項のように，監督官庁や裁判所などから法令の定めに基づいて開示を求められた場合について，必要な限度での開示を認める定めが置かれることが一般的です。また，上場会社の場合には，証券取引所規則によって証券取引所への開示が義務づけられる場合を規定しておくことも必要です。

　⑤秘密保持義務の期間について，契約が終了したとしても，技術情報などの秘密情報の価値がただちになくなるわけではありません。したがって，秘密保持条項については，上記条項例3項のように，契約終了後においても，存続さ

せる規定を置くのが一般的です（秘密保持条項ではなく，「⑽　契約終了後の取扱い（存続条項・残存条項)」において，存続する旨を定める場合もあります。詳細は，「⑽　契約終了後の取扱い（存続条項・残存条項)」の条項例を参照ください）。

　契約終了後どれくらいの期間秘密保持義務を存続させるかどうかは，情報の重要性や情報が陳腐化するスピードによることになります。実務上は，１年〜５年程度で定められていることが多いと思いますが，場合によっては10年以上，あるいは，永久とする（期間を設けない）場合もあります。特に，重要な情報をより多く開示する可能性が高い当事者側である場合には，できるだけ長めの期間を設定するように交渉すべきでしょう。

(3)　反社会的勢力の排除（反社条項・暴排条項)

第●条（反社会的勢力の排除)
１．甲及び乙は，相手方に対し，次の各号の事項を確約する。
　　一　自ら又は自らの役員（取締役，監査役，執行役，執行役員その他名称にかかわらず，経営に実質的に関与している者をいう。以下同じ。）が，暴力団，暴力団員，暴力団員でなくなった時から５年を経過しない者，暴力団準構成員，暴力団関係企業，総会屋，社会運動等標ぼうゴロ，特殊知能暴力集団その他これらに準ずる者（以下総称して「反社会的勢力」という。）に該当せず，かつ将来にわたっても反社会的勢力に該当しないこと
　　二　自ら又は自らの役員が反社会的勢力と社会的に非難されるべき関係を有しておらず，かつ将来にわたってもこのような関係を有しないこと
　　三　反社会的勢力に自己の名義を利用させ，本契約の締結及び履行をするものではないこと
２．甲及び乙は，相手方に対し，自ら又は第三者を利用して，本契約に関して次の各号の行為をしないことを確約する。
　　一　暴力的な要求行為
　　二　法的な責任を超えた不当な要求行為
　　三　脅迫的な言動をし，又は暴力を用いる行為
　　四　風説を流布し，偽計を用い又は威力を用いて相手方の信用を毀損し，又は相手方の業務を妨害する行為
　　五　その他前各号に準ずる行為
３．甲及び乙は，前二項のいずれかに違反する事項が判明した場合には，直ちに相手方に対して書面で通知しなければならない。

4．甲及び乙は，相手方が前三項の規定のいずれかに違反した場合，何らの催告を要することなく，本契約を解除することができる。この場合において，解除された者は，その相手方に対し，相手方に生じた損害を賠償しなければならず，また，解除により自身に生じた損害について一切の請求を行うことができない。

　現在すべての都道府県において暴力団排除条例によって暴力団排除に関する特約条項を定める努力義務が定められています（たとえば，東京都暴力団排除条例18条2項）。近年，企業のコンプライアンス意識が高まってきたこともあり，現在の契約実務においては，契約書に，上記条項例のような条項（以下「反社条項」といいます）を入れることは非常に一般的になりました。そのため，多くの企業において，すでに締結済みの契約書に反社条項が含まれているという場合が多いと思われます。したがって，新たに締結する契約書に反社条項を入れておくことは，自社が反社会的勢力と関わり（契約関係）を持つことを回避し，万一，関わりをもってしまったとしても即時に契約を解除できるようにしておくことで，自社が締結済みの契約書に存在する反社条項に抵触することを回避することにつながります。また，反社条項には，暴力行為などの禁止行為が定められることも多く，これによって契約の相手方から不当な圧力を受けることを回避することにもつながるでしょう。

　反社条項には，①反社会的勢力の範囲，②確約事項，③禁止事項，④違反した場合の効果が定められることが多いです。

　①反社会的勢力の範囲については，契約書によって様々な定め方がされていますが，上記条項例1項1号では，反社会的勢力の範囲を広めに（反社会的勢力に該当する対象を多めに）記載しています。締結済みの契約にすでに入っている反社条項に抵触するリスクを回避するという観点からは，広めに定めておくことで基本的に問題ないでしょう（ただし，当事者双方の義務とする場合には，当然，自社が，反社条項を遵守できることが前提となります）。

　②確約事項については，まず，確約の対象となる者について，上記条項例1項1号および2号のように，契約当事者のみならず，契約当事者の役員も含める形で定められることがあります。自社がこのような反社条項に反しないためには，会社の役員との委任契約に反社条項を盛り込んでおく，反社会的勢力で

ないことの誓約書を提出させるといった対応が求められます。また，対象となる者を，役員のみならず，従業員や取引先などに広げている例も見られます。このように対象が広げられている場合，**自社において遵守可能かどうかを確認する必要があります**。たとえば，小売業の会社においては，「取引先」の範囲を限定しなければ，当該小売会社から商品を購入する一般消費者も「取引先」に該当するとの解釈がされてしまう可能性があります。しかしながら，すべての消費者が反社会的勢力でないことを確約することは事実上不可能な場合が多いでしょう。そのため，このような場合には，対象となる者を一定範囲に限定する必要があります。

　次に，②確約の対象となる行為については，まず，反社会的勢力に該当しないこと（上記条項例1項1号）を定めることは必須でしょう。このほか，反社会的勢力と社会的に非難される関係を有していないこと（同2号），反社会的勢力に自己の名義を利用させ，本契約の締結および履行をするものではないこと（いわゆる名義貸しではないこと。同3号）が定められることが多いです。他にも懸念される事項があるような場合には，必要に応じて追記を検討しましょう。

　③禁止事項については，多少の文言の違いはありますが，概ね上記条項例2項各号のような内容の定めが置かれていることが多いと思います。

　④違反した場合の効果については，反社会的勢力との関わりを断つという観点から，即時に解除できるようにしておくことは必須です（上記条項例4項前段）。このほか，違反の場合の通知義務（上記条項例3項）や損害賠償に関する規定（上記条項例4項後段）も置いておくとよいでしょう。

(4)　解除，期限の利益の喪失

第●条（解除）
1．甲及び乙は，相手方が本契約のいずれかの条項に違反し，相当期間を定めて是正を求める催告をしたにもかかわらずその期間内にこれを是正しない場合は，本契約の全部又は一部を解除することができる。
2．甲及び乙は，相手方に次の各号のいずれかに該当する事由が生じた場合には，何らの催告を要することなく，直ちに本契約の全部又は一部を解除することが

できる。

一　監督官庁より営業の許可の取消し，又は停止等の処分を受けたとき

二　支払停止若しくは支払不能の状態に陥ったとき，又は自ら振り出し，若しくは裏書した手形若しくは小切手の不渡り処分を受けたとき

三　第三者より仮差押え，仮処分又は差押え等の強制執行を受けたとき

四　破産，会社法上の特別清算，民事再生，又は会社更生の手続開始の申立てがあったとき

五　公租公課の滞納処分を受けたとき

六　解散，合併，会社分割又は事業の全部若しくは重要な一部の譲渡の決議をしたとき

七　財産状態が悪化し，又はそのおそれがあると認めることができる相当の事由があるとき

八　その他前各号に準ずる事由があるとき

3．甲及び乙は，相手方から第1項に定める催告を受けたにもかかわらず相当期間内に違反を是正しない場合又は前項各号のいずれかに該当する場合，相手方に対して負担する一切の債務につき，相手方から通知又は催告がなくとも当然に期限の利益を喪失し，直ちに相手方に弁済しなければならない。

　一定の事由がある場合に当事者が契約を解除できることを定める条項です。仮に契約書においてこのような解除条項を設けていなかったとしても，法律（民法541条，542条）の規定に基づいて契約を解除することは可能です（法律の規定に基づく解除を「法定解除」といいます）が，法定解除だけでは不十分な場合があります。たとえば，業務委託契約の受託者側の立場からすれば，相手方の財産状態が悪化していて業務の対価である業務委託料の支払が期待できないような場合には，債務不履行には至っていない（すなわち，法的解除できる場面ではない）としても，これ以上業務を提供することは"ただ働き"になる可能性があり，早期に契約を解除してしまったほうがよいと考えるのが通常でしょう。そのため，契約書には，上記条項例のような解除条項を設けることが一般的によく行われています。

　上記条項例の1項は催告解除を定める条項です。条項例では「相当期間」としていますが，実際に解除する場面において，「相当期間」がどのくらいの期間なのか疑義が生じる可能性もあることから，「10日以内にこれを是正しない

場合は」のように，具体的な日数を定めておく場合も多いです。

　上記条項例の2項は無催告解除を定める条項です。一定の事由が生じた場合には，催告がなくとも契約を解除できるようにしています。無催告解除ができる場合として定める事由は，概ね上記条項例と似通った事由を定めている契約書が多いと思いますが，契約書レビューにおいては，アレンジすべき事項がないかを検討します。たとえば，一定以上の規模の会社であれば，6号からグループ内組織再編が除外されるような規定にアレンジすることが考えられるでしょう。

　上記条項例の3項は，期限の利益の喪失を定める条項です。期限の利益とは，期日が到来するまでは債務を履行しなくてよい利益のことです。たとえば，契約書上「毎月末日締め翌月末日払い」とされている場合，毎月末日までの分として生じた債務につき，翌月末日までは支払わなくてよいという債務者側の利益がこれに当たります。期限の利益を喪失した場合，「翌月末日まで」は支払わなくてよいということになっていた債務について，「翌月末日」を待つことなく，すぐに支払わなくてはならなくなります。期限の利益の喪失についても，解除同様，法律（民法137条）において期限の利益喪失事由が定められています。しかしながら，やはり解除同様，法定の事由だけでは不十分であり，契約の相手方が負う債務につき，期限の利益を喪失する事由を法定の場合よりも広く設定したいと考えることがあります。そのため，契約書には，上記条項例3項のような期限の利益喪失条項を設けることがよく行われています。どのような事由を期限の利益喪失事由として定めるかについては，契約書レビューの際の検討事項の1つですが，上記条項例3項では，解除事由に当たる場合には，期限の利益喪失事由にも該当するものとして定めています。契約を解除したい場面と債権回収に不安が生じている場面は類似することが多いことから，実務上も，期限の利益喪失事由と解除事由とを一致させている例が多いですが，もちろん，期限の利益喪失事由と解除事由とを区別して定めることは可能です。

(5) 損害賠償

第●条（損害賠償）
　甲及び乙は，本契約の条項に違反して相手方に損害を与えた場合，相手方に生じた損害を賠償する責任を負う。

　契約違反行為があった場合の損害賠償を定める条項です。

　仮に契約書においてこのような損害賠償条項を設けていなかったとしても，法律の規定（典型的には，民法415条）に基づいて相手方に損害賠償請求をすることは可能です。実際の契約書でも，上記条項例のように，契約当事者に契約違反（債務不履行）があった場合に損害賠償義務を負うということを確認するだけにとどまり，民法の規定（同法415条，416条）から特段修正を加える形にはなっていない損害賠償条項も多くみかけます。

　一方で，上記条項例とは異なり，以下で紹介するように，民法の規定を修正し，損害賠償責任を負う場面や賠償範囲を限定（または拡張）する損害賠償条項とすることも，実務上一般的によく行われています。**損害賠償条項のレビューにあたっては，自社の立場が損害賠償義務を負いやすい側なのか否か**（請求側となる可能性が高いのであれば限定しないほうがよい。被請求側となる可能性が高いのであれば限定したほうがよい），**損害が発生した場合に損害がどこまで拡大する可能性があるのか**（自社に発生しうる損害が高額になる可能性が高いのであれば相手方の賠償範囲には上限をつけないほうがよい。相手方に発生しうる損害が高額になる可能性が高いのであれば自社の賠償範囲には上限をつけたほうがよい）**などの事情を踏まえたレビューを行う必要があります。**

　ただし，**法律の規定を修正する場合には，当該損害賠償条項が強行規定に反しないかを確認する必要があります。**たとえば，「第2章　契約書レビューの作法」「4　契約書レビューの目的」「(3)　自社にとって不利にならないようにする」で述べたとおり，あまりに一方当事者に有利になる場合には，公序良俗（民法90条）や信義則（同法1条2項）違反となる可能性があります。また，消

費者契約（消費者契約法2条3項）に当たる場合の消費者契約法8条（事業者の損害賠償の責任を免除する条項等の無効）など，該当する取引に応じた強行規定の確認も必要になります。

• 賠償責任を負う場面を限定する

民法の規定を修正する方法として，賠償責任を負う場面を限定することが考えられます。以下の条項例は，賠償責任を負う場面につき，故意・重過失の場合に限定する（軽過失の場合は免責する）場合の条項例です。

第●条（損害賠償）
　甲及び乙は，本契約に関連して相手方に損害を与えた場合，**故意又は重過失のある場合に限って**，相手方に生じた損害を賠償する責任を負う。

• 賠償範囲を限定（または拡張）する

また，損害の範囲についての民法の帰結（通常損害および予見可能性のある特別損害。416条）を修正する方法もあります。以下の条項例は，損害範囲につき「直接かつ現実に生じた通常の損害」に限定するものです。このほか，逸失利益を除外することを定める条項も比較的よくみかけます。

反対に，債務不履行に基づく損害賠償請求訴訟においては，損害賠償請求の対象となる損害として弁護士費用が認められない場合が多いことから，契約条項において，「損害（合理的な弁護士費用を含む。）」というように，賠償範囲を拡張（または損害範囲に含まれることを明確化）する定めを置く場合もあります。

第●条（損害賠償）
　甲及び乙は，本契約に関連して相手方に損害を与えた場合，**相手方に直接かつ現実に生じた通常の損害に限って**，相手方に生じた損害を賠償する責任を負う。

•賠償額に上限を設ける

さらに，賠償額に上限を設けることによって，損害賠償義務を負う者の責任を軽減する方法もよく行われます。以下の条項例は，「第●条に基づき乙が甲から受領した業務委託料の金額」を上限とするものですが，たとえば，「100万円」のように具体的な金額を定める場合もあります。

第●条（損害賠償）
　甲及び乙は，本契約の条項に違反した場合又は本契約に関連して相手方に損害を与えた場合，相手方に生じた損害を賠償する責任を負う。ただし，**乙が甲に対して負う損害賠償の額は，第●条に基づき乙が甲から受領した業務委託料の金額を上限とする。**

•賠償請求に期間制限を設ける

最後に，損害賠償の範囲に期間制限を設ける条項例を紹介します。

第●条（損害賠償）
　甲及び乙は，本契約の条項に違反した場合又は本契約に関連して相手方に損害を与えた場合，**本契約の締結日から1年以内に生じた損害に限って，**相手方に生じた損害を賠償する責任を負う。

　損害賠償条項のバリエーションは，上記に紹介したものだけにとどまりません（たとえば，損害賠償の予定・違約金を定める場合もあります）。

　よい契約書レビューを行うためには，契約条項のバリエーションをたくさん知っておくことが有用です。

(6)　不可抗力

第●条（不可抗力）
1．甲及び乙は，地震，津波，台風，暴風雨，洪水その他の天災地変，戦争，暴

動，内乱，テロ，火災，疫病，重大な感染症の流行，法令の制定・改廃，公権
力による命令・処分その他の政府による行為，ストライキその他の争議行為，
その他の不可抗力による本契約の全部又は一部の履行不能又は履行遅滞につい
て，相手方に対してその責任を負わない。
2．甲及び乙は，前項の事由が生じた場合，速やかに相手方にその旨を通知した
うえ，対応につき協議する。
3．本条の規定は，金銭債務の債務不履行には適用しない。

　契約上の義務に違反して相手方に損害を与えた場合，義務違反（債務不履
行）をした当事者は，相手方に対して損害賠償義務を負うのが原則です（民法
415条1項本文）。一方で，民法は，「その債務の不履行が契約その他の債務の発
生原因及び取引上の社会通念に照らして債務者の責めに帰することができない
事由によるものであるとき」は，損害賠償義務を負わないものとしています
（同法415条1項ただし書）。しかしながら，具体的にどのような場合が，「その
債務の不履行が契約その他の債務の発生原因及び取引上の社会通念に照らして
債務者の責めに帰することができない事由によるものであるとき」に該当する
かは，文言上必ずしも明らかではありません。そこで，契約書においては，上
記条項例のように，具体的な不可抗力事由を挙げて，債務不履行があっても損
害賠償責任を負わない場合を予測しやすくしておくことがよく行われます。こ
のように，疑義の生じにくい条項としておくことは，契約書レビューの目的の
1つでもある「紛争を予防する」ことにもつながります。
　不可抗力条項においては，①不可抗力に該当する事由，②不可抗力事由に該
当する場合の効果を定めておくことが一般的です。
　①不可抗力に該当する事由については，上記条項例1項のような形で，具体
的な事由を列挙して記載するのが一般的です。具体的にどのような事由を記載
するべきかは，契約上の立場によって異なります。たとえば，売買契約であれ
ば，売主としては，不可抗力に該当する事由をできるだけ多く定めておきたい
と考えるのが通常でしょう。上記条項例に記載した事由に加えて，たとえば
「原材料の調達困難」や「輸送手段の利用困難」，「仕入れ先の債務不履行」な
どを追加する形での修正を求めていくことが考えられます。一方，買主として

は，売主が免責される場合は限定したいと考えるのが通常でしょう。したがって，たとえば，上記条項例にある「ストライキ等の争議行為」については，当事者にもその責任の一端がある場合もあると主張して，不可抗力条項から削除することを求めていくことが考えられます。さらには，「その他の天災地変」，「その他の政府による行為」，「その他の不可抗力」のような包括的な定めを除外するように交渉するということもありうるでしょう。なお，本条を当事者双方の義務とした場合，形式的にも買主にも本条が適用されることになります。しかしながら，買主が負っている債務は，典型的には代金支払債務という金銭債務であり，不可抗力によっても免責されません（民法419条3項。上記条項例3項は，本条が419条3項の帰結を修正するものではないことを確認的に定めるものになります）。

　②不可抗力事由に該当する場合の効果については，上記条項例1項のように，債務不履行をした当事者が債務不履行責任を負わないということを定めることは必須でしょう。このほか，上記条項例2項のように通知義務を定めることも多くあります。また，上記条項例2項では，「対応につき協議」という形にしていますが，「●日以内に不可抗力事由が解消しない場合には，相手方が契約を解除することができる」というような定めを置くことも考えられます。

(7)　権利義務の譲渡禁止（譲渡禁止（制限）特約）

第●条（権利義務の譲渡禁止）
　甲及び乙は，互いに相手方の書面による事前の承諾がない限り，本契約上の地位を第三者に承継させ，又は本契約から生じる権利義務の全部若しくは一部を第三者に譲渡し，引き受けさせ，若しくは担保に供してはならない。

　誰かと契約をしようとする際，相手方の資力や信用，技術力といった様々な事情を考慮して契約をするか否かを決めるのが通常です。それにもかかわらず，契約をした相手方の契約上の地位や契約から生じる権利，義務が別の第三者に移転または譲渡されてしまうとすれば，契約をした意義が失われてしまいかねません。また，自らのあずかり知らないところで債務の履行先が変更されてし

まうとすれば，二重払いのリスクが生じたり，反対債権による相殺機会を失ってしまったりすることも考えられます。さらにいえば，履行先が変わることそれ自体が事務手続上煩雑です。

　そこで，このような事態を防止すべく，契約書上で，上記条項例のような条項（以下「譲渡制限特約」といいます）を定めておくことが一般的によく行われています。譲渡制限特約においては，上記条項例のように，**①権利の譲渡，②義務の譲渡（第三者による引受け）のみならず，③契約上の地位の移転も禁止する条項とする**ことが一般的です。また，仮に担保が実行された場合には，譲渡がされたのと同様の効果が生じることから，担保提供も禁止しておくべきでしょう。

　なお，①権利の譲渡，すなわち，債権譲渡については，民法改正により，譲渡制限の意思表示（譲渡制限特約）がある場合にも，譲渡の効力が妨げられないこととなりました（同法466条2項）。もっとも，譲渡制限特約につき悪意または重過失の第三者に対しては履行拒絶ができ，かつ，譲渡人に対する弁済その他の債務を消滅させる事由をもってその第三者に対抗することができること（同法466条3項），また，譲渡制限特約付きの金銭債権が譲渡されたときは，債務者はその債権の全額に相当する金額を供託することができること（同法466条の2第1項）など，譲渡制限特約の意義が完全に失われるわけではありません。したがって，契約書には，民法改正前と変わらず，①権利の譲渡も含めた譲渡制限特約を設けておくべきでしょう。

　また，現行民法下では，②義務の譲渡（第三者による債務引受け）については，債務者が債権者の承諾を得ることなくこれを有効に行うことはできず（同法470条3項，472条3項），また，③契約上の地位の移転を行うためにも，原則として[2]，契約の相手方の承諾が必要であることが明文化されています（同法539条の2）。したがって，譲渡制限特約がなくとも，民法上，契約の相手方の承諾を得ることなく，②や③を行うことはそもそもできないということになります。この点，上記条項例は，相手方の承諾につき，「書面による事前の承諾」としています。つまり，この条項例は，相手方の承諾について，「書面」

2　例外として，民法605条の2第1項，605条の3。

かつ「事前」に限定することで，民法の要件を加重し，②や③が認められる場合を民法の場合よりもさらに限定しているということになります。必ずしも「書面」による必要はないと思いますが，「言った言わない」の争いになることを防ぐためには，メールなどの形に残るもので手続を定めておいたほうがよいでしょう。また，反対に，「承諾」について「ただし，相手方は，かかる承諾を不合理に留保，遅延又は拒絶しないものとする」などと追記することで，相手方の承諾を得やすい方向に修正することもあります。**契約上の立場に応じて，承諾の要件をどの程度厳格に定めておくべきかを検討するようにしましょう。**

(8)　契約期間，契約の更新

第●条（契約期間）
　本契約の有効期間は，●●年●月●日から1年間とする。ただし，契約期間満了日の1か月前までにいずれの当事者からも書面による更新拒絶の申し出がない場合，本契約は同一条件でさらに1年間更新され，以後も同様とする。

　契約の有効期間を定める条項です。

　不動産の売買契約のように単発で終わる契約であれば契約期間を定める必要はありませんが，取引関係を一定期間継続させることを前提とした契約であれば契約期間を定める必要があります（売買契約でも，継続して複数の売買を行うことが想定されている場合には，個別の売買に共通して適用される「取引基本契約」や「売買基本契約」などと呼ばれる契約を締結することがあり，この場合には「取引基本契約」や「売買基本契約」についての有効期間を定めるのが通常です）。

　契約の有効期間については，期間の①始期と②終期を定める必要があります。

　①始期については，上記条項例のように具体的な日付を定める場合のほか，「本契約締結の日から」というように契約締結日を始期とする場合もあります（なお，午前0時ちょうどに締結するような場合を除き，契約締結日初日は不算入となり，契約締結日の翌日から契約期間がスタートすることになります。民法140条）。ただし，有効期間が支払金額に影響を与える場合（たとえば，業

務委託料の発生時期を「契約時」と定めている場合の業務委託契約）など，契約の始期がいつになるかが契約における重要な要素となっている場合には，そのために契約締結日を調整するのは煩雑であり，具体的な日付を定めておくべきでしょう。

②終期については，上記条項例のように，始期を基準にして「1年間」というような形で期間を定める場合のほか，「●●年●月●日」というように具体的な期日を定める場合もあります。

また，長期間の継続的な取引が予想される場合には，上記条項例ただし書のように，自動更新条項を設けることが一般的です[3]。

ただし，自動更新条項を設けた場合には，取引がなくなった際に，忘れずに更新拒絶申し出を行っておかないと契約が更新され続けてしまうというリスクがあります。契約が有効に存続する限り，秘密保持義務などの契約上の義務を負うことになっている場合が多いことから，契約書を契約書管理ツールやリストなどで継続的に管理し，更新拒絶申し出を行うことを忘れないように注意が必要です。

最後に，上記条項例では，更新をしない場合の手続について，「書面による更新拒絶の申し出」としていますが，契約条項によっては，「書面による更新拒絶の申し出がない場合」ではなく，単に「何らの申し出もない場合」とされている場合があります。必ずしも「書面」による必要はないと思いますが，「言った言わない」の争いになることを防ぐためには，メールなどの形に残るもので手続を定めておいたほうがよいでしょう。

3　なお，民法改正の施行日（2020年4月1日）前に締結された契約については改正前民法が適用されますが，契約更新の時点が施行日後である場合，自動更新であっても現行民法の適用を受けると考えられます（筒井健夫＝村松秀樹編著『一問一答　民法（債権関係）改正』（商事法務，2018年）（以下「一問一答」といいます）383頁参照）。

(9)　中途解約

> 第●条（中途解約）
> 　甲及び乙は，本契約の有効期間中であっても，3か月前までに書面で相手方に通知することにより，本契約を解約することができる。

　「(8)　契約期間，契約の更新」のように，契約期間の定めを置く契約においては，契約期間の定めにかかわらず中途解約できる条項を置く場合があります。契約の効力をできるだけ長く維持したい側の当事者である場合（たとえば，毎月業務委託料が発生するような業務委託契約における受託者側は，業務委託料を継続して支払ってもらえるように契約の効力をできるだけ維持したい場合が多いでしょう），このような中途解約の規定を置かない（委任契約の場合の民法651条1項など，法律上の任意解除権が定められている場合には当該規定を排除する），あるいは，置くとしてもできるだけ解約予告期間（上記条項例では「3か月」）を長くしておきたいところです。場合によっては，中途解約の場合には，違約金などのペナルティを設けることで，解約の抑止力としておくことも検討すべきでしょう（ただし，違約金などのペナルティを設ける場合には，消費者契約法9条，割賦販売法6条，特定商取引法10条などの強行規定に違反しないよう注意が必要です）。一方で，契約に長期間拘束されたくない側の当事者である場合（たとえば，毎月業務委託料が発生するような業務委託契約における委託者側は，よりよい代替業者をみつけた場合にすぐに乗り換えられるように，契約に長期間拘束されるのは避けたい場合が多いでしょう），このような中途解約の規定を置いたうえで，できるだけ解約予告期間を短くしておきたいところです。

　解約をする場合の手続について，上記条項例では，「書面で」としていますが，「書面」などの限定をつけない条項となっている場合もあります。メールなどの形に残るもので手続を定めておいたほうがよいのは，「(8)　契約期間，契約の更新」で述べたことと同様です。

　なお，解除と解約は，どちらも契約関係を解消させるものですが，「解除」

は，契約を遡及的に消滅させる（契約が最初から存在しなかったのと同じ状態にする）効果を生じさせることをいうのに対して，「解約」は，契約を将来に向かって消滅させる効果を生じさせることをいいます。もっとも，契約書上，必ずしも「解除」と「解約」が厳密に使い分けられていない例も時折みかけます（特に，「解除」という用語が「解約」の趣旨で用いられている場合が多いです）。これらの用語がいずれの趣旨で定められているものかは，最終的には契約の解釈によることになります[4]が，疑義の生じにくい契約書を作成するという観点からは，両者の違いを意識したドラフティングを心がけておくとよいでしょう。

(10) 契約終了後の取扱い（存続条項・残存条項）

> 第●条（存続条項）
>   本契約の終了後も，第●条（秘密保持），第●条（損害賠償），第●条（権利義務の譲渡禁止）本条及び第●条（合意管轄）の各規定は有効に存続する。ただし，第●条（秘密保持）については，本契約の終了後●年間に限る。

　契約書に定めた各条項の効力は，原則として，契約の終了とともに終了します。しかしながら，契約書には，契約終了後も効力を存続させるべき条項が存在する場合があります。たとえば，秘密保持条項については，契約の終了とともに秘密情報を第三者に開示または漏えいしてよいということであれば，秘密情報を十分に保護することはできません。そのため，一定の条項については，契約終了後もその効力が存続することを規定しておく必要があります。

　具体的にどの条項を存続させるかは，個別具体的な事案に応じた検討が必要になりますが，一般的には，秘密保持条項，損害賠償条項（損害賠償責任を負う場面などについて法律上の帰結から修正している場合），権利義務の譲渡禁止条項，紛争解決条項（準拠法，合意管轄）などを存続させる場合が多いです。加えて，契約書の類型によっては，知的財産権の帰属等に関する条項，契約不

4　契約書作成の実務と書式・538頁

適合責任に関する条項（法律上の帰結から修正している場合），競業避止義務に関する条項などが存在する場合があり，このような条項が存在する場合には，これらも存続させておく必要があるでしょう。

　また，疑義の生じにくい契約書を作成するという観点からは，存続させる条項を明確にしておくことが望ましいものの，「性質上契約終了後も有効に存続すべき本契約の規定は，本契約の終了後も有効に存続する」といった形で，具体的な条項を特定することなく存続条項を定める場合もあります。

(11)　紛争解決条項（準拠法，管轄）

第●条（準拠法，管轄）
1．本契約の準拠法は，日本法とする。
2．本契約に関する一切の紛争については，東京地方裁判所を第一審の専属的合意管轄裁判所とする。

　1項は，準拠法についての定めです。準拠法についてのルールは，原則として，国際私法または抵触法と呼ばれるルール（日本の裁判所においては，「法の適用に関する通則法」など）が適用されますが，当事者の合意によって準拠法を定めることもできます（法の適用に関する通則法7条参照）。もっとも，日本国内の当事者同士の契約であれば，多くの場合には日本法が適用されます（同法8条参照）ので，このような場合には契約書において準拠法を定めていなくとも特段の不都合はない場合が通常でしょう。一方で，外国企業との国際間取引の場合には，準拠法をどの国のものにするかは，契約交渉において最も争点となりやすい事項の1つです。

　2項は，専属的合意管轄についての定めです。

　紛争解決手段として訴訟を選択する場合，特段の合意がない限り，民事訴訟法の規定に従い，被告の普通裁判籍の所在地を管轄する裁判所（同法4条），または民事訴訟法所定の地（同法5条以下）を管轄する裁判所に訴訟を提起することが必要です。一方で，民事訴訟法は，第一審に限り，当事者の合意により管轄裁判所を定めることができるとしています（同法11条1項）。

　管轄裁判所が遠方にある場合には，遠方の裁判所まで赴くのは不便であり，また，訴訟コストがかさむ可能性が高いです。そのため，民事訴訟法11条の「当事者の合意」として，契約書上に，上記条項例2項のような合意管轄の条項を定めるのが一般的です。合意管轄には，法定の管轄に加えて合意した管轄裁判所に管轄権を与える「付加的合意」と，法的の管轄を排除して合意した管轄裁判所にのみ専属的管轄権を与える「専属的合意」がありますが，契約の相手方から合意した管轄裁判所以外の裁判所で裁判を起こされることを防止するためには，上記条項例のように，**当該合意が「専属的合意」管轄であることを明記するべき**です。

　合意管轄裁判所をどの裁判所とするかは契約交渉で度々争点となるポイントです。実務上は，交渉上優位に立つ当事者にとって便宜である裁判所となることが多いと思いますが，公平の観点から，「被告の本社所在地を管轄する地方裁判所」（つまり，訴えられる側にとって便宜である裁判所）とすることや，契約当事者双方にとってアクセスのいい場所がある場合にはその地の裁判所を合意管轄裁判所とすることも考えられます。

　なお，外国企業との国際間取引の場合には，執行の容易性などの観点から，契約書上に仲裁条項を設けることが一般的です。

　また，特定の専門分野に関する取引においては，仲裁条項を設ける場合があります（たとえば，国土交通省のウェブサイト[5]上で公開されている民間建設工事標準請負契約約款には，仲裁合意の規定が設けられています）。上記の場合を除き，実務上，仲裁条項が設けられることは多くありませんが，仮に，**紛争解決手段として仲裁を用いることを考えている場合には，契約書に仲裁条項を定めておくべき**でしょう。すなわち，紛争解決手段として仲裁を選択するためには，原則として，書面による仲裁合意が必要（仲裁法13条2項）であるところ，契約書に仲裁合意（仲裁条項）がある場合には，書面によってなされたものとみなされます（同条3項）。紛争の発生後に仲裁合意をすることも理屈上は可能ですが，紛争が顕在化している状況で仲裁合意をすることは事実上困難である場合が多く，紛争が生じる前の契約段階で仲裁条項を定めておくべき

5　https://www.mlit.go.jp/totikensangyo/const/1_6_bt_000092.html

ということになります。

⑿　協議事項（誠実協議条項）

第●条（協議事項）
　本契約に定めのない事項又は疑義が生じた事項については，甲及び乙は誠意を
もって協議し，円満な解決を図るものとする。

　実務上用いられる多くの契約書において，上記条項例と類似の条項が設けら
れています。当事者の具体的義務を生じさせるものではなく[6]，いわゆる紳士
協定のようなものと捉えられます。

　もっとも，実際に紛争が生じてしまった場合に，この条項をきっかけに話し
合いをスタートすることができる場合もあります。紛争を円満に解決するとい
う観点からは，契約書には誠実協議条項を入れておくとよいでしょう。

6　契約書作成の実務と書式・575頁

9　契約書後文

(1)　文例

> 　本契約締結の証として，本契約書を2通作成し，甲乙それぞれ署名（記名）押印の上，各1通を保有する。

(2)　解説

　契約書本文の下部に記載します。

　上記文例のように，契約書の作成通数を記載します。作成通数については，「第3章　締結時の留意点」「3　契約書作成通数，割印・契印・消印・訂正印，印紙税」「(1)　契約書作成通数」を参照ください。一方当事者が写しを保有する場合には，「甲がその原本を，乙がその写しを保有する」のように記載することになります。

　また，電子契約の場合には，以下のような形で定めるとよいでしょう。

> 　本契約締結の証として，本契約書を電磁的記録により作成し，甲乙それぞれ電子署名の上，各自がこれを保管する。

10　契約締結日，署名欄

(1)　記載例

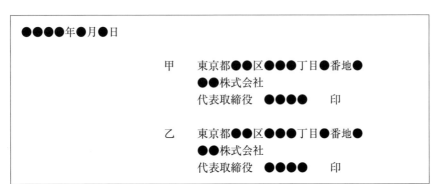

```
●●●●年●月●日

                甲      東京都●●区●●●丁目●番地●
                        ●●株式会社
                        代表取締役　●●●●　　　印

                乙      東京都●●区●●●丁目●番地●
                        ●●株式会社
                        代表取締役　●●●●　　　印
```

(2)　解説

　契約書末尾（契約書後文の下部）に，契約締結日と署名欄記載事項を記載します。

　契約締結日については，「第3章　締結時の留意点」「1　契約締結日」を，署名欄記載事項については，「2　署名欄に関する留意点」，特に「(1)　署名欄記載事項」を参照ください。

11　別紙，添付書類など

　契約書に添付する別紙や添付書類がある場合には，契約書の後ろにこれらを添付します。別紙や添付書類が複数ある場合には，「別紙1」「別紙2」などのように番号を振ることで，各別紙を区別するのが通常です。

●演習問題●

　第4章では，一般的・典型的な契約書の構成と文例・条項例について解説しました。契約書を読み慣れていない人にとって契約書はとても難しいものに感じると思いますが，一般的・典型的な契約書の構成，文例，条項例を知ることで，契約書が読みやすくなるのではないかと思います。

①　契約書のタイトルは法律上に定められた契約の名称としなければならず，たとえば，請負に該当する契約であれば，「請負契約書」としない限り，当該契約に民法の請負に関する規定の適用はない。

②　当事者の合意内容が記載されている書面であっても，「基本合意書」というタイトルが付されていれば，常に法的拘束力が否定される。

③　契約書において目的を定める条項は，形式的な記載であり，契約の解釈に影響を与えることはない。

④　契約書において秘密保持義務を定める条項については，契約終了後においても存続する規定を置くことが多い。

⑤　契約書に解除条項と期限の利益喪失条項を設ける場合，解除事由として定める事由と期限の利益喪失事由として定める事由とでそれぞれ別々の事由を定めることも可能である。

⑥　契約書に損害賠償についての定めを設ける場合，自社の賠償責任をとにかく限定する方向での契約文言を定めることが常に正しいわけではなく，その定めが強行規定に反することがないかも検討すべきである。

⑦　売買契約書に不可抗力条項を設ける場合，自社の立場が売主であるか買主であるかにかかわらず，不可抗力に該当すべき事由については，広めに定めておくことが望ましい。

⑧　契約書に中途解約条項を設ける場合，解約までの予告期間は，契約における自社の立場にかかわらず，短めに設定しておくべきである。

⑨　契約書に管轄の合意についての定めを置いておけば，民事訴訟法に定める法定の管轄は常に排除される。

⑩　紛争解決手段として仲裁を想定している場合，紛争の発生後に仲裁合意をすることも可能であることから，契約書に仲裁条項を定めておく必要性は低い。

答え：① ×，② ×，③ ×，④ ○，⑤ ○，⑥ ○，⑦ ×，⑧ ×，⑨ ×，⑩ ×

第 **5** 章

秘密保持契約書作成・レビューのポイント

1　秘密保持契約書とは

(1)　秘密保持契約書の締結を検討する場面

　秘密保持契約書（NDA，CA とも呼ばれます。それぞれ，Non-Disclosure Agreement, Confidentiality Agreement の略です）とは，情報の受領者に，秘密保持義務（守秘義務）を課すことを内容とする契約書です。

　このような契約書が必要になる理由は，「第4章　契約書の構成と文例」「8　一般条項」「(2)　秘密保持」で述べたところと基本的に共通します。したがって，**秘密保持義務を課していない第三者に自社の秘密情報を開示する場合**，または，締結済みの契約書などによって相手方に何らかの秘密保持義務を課しているとしても**当該秘密保持義務の対象ではない自社の秘密情報を当該相手方に開示する場合**に，秘密保持契約書の締結を検討することになります。

　ただし，弁護士など，法令によって守秘義務（弁護士法23条本文，弁護士職務基本規程23条）を負う第三者に自社の秘密情報を開示する場合には，法令の想定する範囲内での開示である限り，別途秘密保持契約書などで秘密保持義務を課すことは不要でしょう。

(2)　秘密保持契約書を用いる場面

　第三者に秘密保持義務を課す方法は，秘密保持契約書の締結による方法に限られません。

　たとえば，自社の秘密情報を扱う従業員に対して，就業規則その他の社内規則によって秘密保持義務を課す場合もありますし，退職時に秘密保持義務を課す内容を含む「退職時誓約書」を提出させることで秘密保持義務を課すこともあります。

　また，業務委託契約や製作物供給契約などの特定の取引に伴って，秘密情報を契約の相手方に開示する場合，すなわち，取引の開始後に自社の秘密情報を取引の相手方に開示することが想定されている場合には，当該取引に係る契約書（以下，このような契約書を「取引に係る契約書」といいます）に「第4章

契約書の構成と文例」「8 一般条項」「(2) 秘密保持」で述べた秘密保持条項を入れることによって相手方に秘密保持義務を課せば足り，別途，秘密保持契約書の締結は不要でしょう（もちろん，秘密保持契約書の締結が禁止されるわけではありません。たとえば，相手方に秘密保持義務の重要性を意識づけることを意図して，取引に係る契約書とは別に秘密保持契約書を締結するということはありうるでしょう）。

　秘密保持契約書の形で相手方に秘密保持義務を課す場面として典型的な場面は，**具体的な取引に入る前の段階で，どういった取引を行うかを検討させる（検討する）ために，秘密情報を開示する（し合う）場面**です。たとえば，共同研究開発や業務提携の可能性を検討する場合には，具体的な取引（共同研究開発契約など）に入る前に，当事者双方が互いに情報を開示し合うということがあり，こういった場面では，秘密保持契約書が使用されます。このような場面では，秘密情報を開示する時点では取引に係る契約書がまだ存在しませんので，取引に係る契約書の秘密保持条項によって情報の受領者に秘密保持義務を課すことはできません。そのため，相手方に，秘密保持義務を課す方法として，秘密保持契約書の形式が選択されます。

　また，M&A の場面においては，売主側が自社の情報を買主側に開示し，買主側は開示を受けた情報に基づいてデューデリジェンスを行い，デューデリジェンスの結果を反映した株式譲渡契約などの M&A 契約を締結するという流れが一般的です。この場合にも，株式譲渡契約などの M&A 契約がまだ存在しない段階で秘密情報を開示することになりますので，秘密保持契約書を用いて相手方に秘密保持義務を課すことが一般的です。

　なお，相互に秘密情報を開示するのではなく，一方当事者のみが秘密情報を開示する場合には，「秘密保持誓約書」という受領側当事者のみが署名または押印する形式の書面を用いることで足りる場合もあります。ただし，秘密情報を用いて検討する事項がある事実それ自体（たとえば，業務提携を検討している事実それ自体）を秘密としておきたい場合には，当事者双方がその事実についての秘密保持義務を負う形としなければ実効性がなくなります。したがって，このような場合には，たとえ一方当事者のみが秘密情報を開示することが想定されている場面であっても，秘密保持誓約書ではなく，秘密保持契約書の形式

によって双方に秘密保持義務を課しておく必要があります。

　法務担当者の1つの心構えとして，事業部門担当者から，「相手方から秘密保持誓約書の差し入れを求められた」という相談を受けた場合，相互的に秘密保持義務を負う形の「秘密保持契約書」に作り替える必要がないかを常に検討するという発想を持つとよいでしょう。たとえば，業務提携の場合であれば，相互に情報を持ち寄ってシナジーを検討するのが通常であり，自社のみが秘密情報を受領する（自社が秘密情報を一切開示しない）ケースはレアケースでしょう。また，M&Aの場合についても，秘密情報をより多く開示するのは売主側ですが，買主も売主に対して，ビジネス上のコンサーンなどを伝える場合が多く，買主としても，売主にそれらの情報を秘密情報として管理してもらう必要がないかを検討しておくべきです。

(3)　秘密保持契約書が締結されている場合の取引に係る契約書作成時の留意点

　上記のとおり，取引に係る契約書が締結される前に秘密保持契約書が締結される場合（または，相手方に秘密保持義務の重要性を意識づけることを意図して，取引に係る契約書とは別に秘密保持契約書を締結する場合），取引に係る契約書と秘密保持契約書がそれぞれ別に存在することになります。

　この場合，取引に係る契約書においては，通常，「第4章　契約書の構成と文例」「8　一般条項」「(2)　秘密保持」で述べたような秘密保持条項を改めて設ける必要はないでしょう。ただし，秘密保持契約書と取引に係る契約書の関連性を明確にするため，取引に係る契約書には，以下のような条項を入れることが望ましいといえます。

第●条（秘密保持）
　甲及び乙は，本契約に関する秘密情報の取扱いについては，甲乙間で締結した●●年●月●日付秘密保持契約書に従う。

---

2 ひな形

　秘密保持契約書のひな形を探す場合にも，「第2章　契約書レビューの作法」「3　ベースとなる契約書の準備」で述べたような方法で準備することになるでしょう。秘密保持契約書は，ビジネス上使用されることが非常に多い契約書類型ですので，ひな形も多く存在します。

　ここでは，「第2章　契約書レビューの作法」「3　ベースとなる契約書の準備」でも言及した経済産業省のウェブサイト「秘密情報の保護ハンドブック〜企業価値向上に向けて〜」（令和4年5月改訂版）[1]の「参考資料2」「第4　業務提携・業務委託等の事前検討・交渉段階における秘密保持契約書の例」をひな形として紹介します[2]。このひな形は，「他社との業務提携・業務委託等の取引を本格化させるに際して，その事前検討にあたり，当該企業同士が交渉で秘密情報を取り交わす際に用いる秘密保持契約書の例」として作成されたものになります。

1　https://www.meti.go.jp/policy/economy/chizai/chiteki/pdf/handbook/full.pdf
2　ただし，注釈部分は削除しています。

秘密保持契約書

　　　　　　株式会社（以下「甲」という。）と　　　　　　株式会社（以下「乙」という。）とは，　　　　　　について検討するにあたり（以下「本取引」という。），甲又は乙が相手方に開示する秘密情報の取扱いについて，以下のとおりの秘密保持契約（以下「本契約」という。）を締結する。

第1条（秘密情報）
1．本契約における「秘密情報」とは，甲又は乙が相手方に開示し，かつ開示の際に秘密である旨を明示した技術上又は営業上の情報，本契約の存在及び内容その他一切の情報をいう。ただし，開示を受けた当事者が書面によってその根拠を立証できる場合に限り，以下の情報は秘密情報の対象外とするものとする。
　① 開示を受けたときに既に保有していた情報
　② 開示を受けた後，秘密保持義務を負うことなく第三者から正当に入手した情報
　③ 開示を受けた後，相手方から開示を受けた情報に関係なく独自に取得し，又は創出した情報
　④ 開示を受けたときに既に公知であった情報
　⑤ 開示を受けた後，自己の責めに帰し得ない事由により公知となった情報
2．前項本文の情報のうち，甲が乙に秘密である旨を指定して開示する情報は別紙1を，また乙が甲に秘密である旨を指定して開示する情報は別紙2を含むものとする。なお，別紙1及び別紙2は甲と乙とが協力し，常に最新の状態を保つべく適切に更新するものとする。
3．甲又は乙が口頭により相手方から開示を受けた情報については，改めて相手方から当該事項について記載した書面の交付を受けた場合に限り，相手方に対し本規程に定める義務を負うものとする。
4．口頭，映像その他その性質上秘密である旨の表示が困難な形態又は媒体により開示，提供された情報については，開示者が相手方に対し，秘密である旨を開示時に伝達し，かつ，当該開示後○日以内に当該秘密情報を記載した書面を秘密である旨の表示をして交付することにより，秘密情報とみなされるものとする。

第2条（秘密情報等の取扱い）
1．甲又は乙は，相手方から開示を受けた秘密情報及び秘密情報を含む記録媒体若しくは物件（複写物及び複製物を含む。以下「秘密情報等」という。）の取扱いにつ

いて，次の各号に定める事項を遵守するものとする。
① 情報取扱管理者を定め，相手方から開示された秘密情報等を，善良なる管理者としての注意義務をもって厳重に保管，管理する。
② 秘密情報等は，本取引の目的以外には使用しないものとする。
③ 秘密情報等を複製する場合には，本取引の目的の範囲内に限って行うものとし，その複製物は，原本と同等の保管，管理をする。また，複製物を作成した場合には，複製の時期，複製された記録媒体又は物件の名称を別紙のとおり記録し，相手方の求めに応じて，当該記録を開示する。
④ 漏えい，紛失，盗難，盗用等の事態が発生し，又はそのおそれがあることを知った場合は，直ちにその旨を相手方に書面をもって通知する。
⑤ 秘密情報の管理について，取扱責任者を定め，書面をもって取扱責任者の氏名及び連絡先を相手方に通知する。
2．甲又は乙は，次項に定める場合を除き，秘密情報等を第三者に開示する場合には，書面により相手方の事前承諾を得なければならない。この場合，甲又は乙は，当該第三者との間で本契約書と同等の義務を負わせ，これを遵守させる義務を負うものとする。
3．甲又は乙は，法令に基づき秘密情報等の開示が義務づけられた場合には，事前に相手方に通知し，開示につき可能な限り相手方の指示に従うものとする。

第3条（返還義務等）
1．本契約に基づき相手方から開示を受けた秘密情報を含む記録媒体，物件及びその複製物（以下「記録媒体等」という。）は，不要となった場合又は相手方の請求がある場合には，直ちに相手方に返還するものとする。
2．前項に定める場合において，秘密情報が自己の記録媒体等に含まれているときは，当該秘密情報を消去するとともに，消去した旨（自己の記録媒体等に秘密情報が含まれていないときは，その旨）を相手方に書面にて報告するものとする。

第4条（損害賠償等）
甲若しくは乙，甲若しくは乙の従業員若しくは元従業員又は第二条第二項の第三者が相手方の秘密情報等を開示するなど本契約の条項に違反した場合には，甲又は乙は，相手方が必要と認める措置を直ちに講ずるとともに，相手方に生じた損害を賠償しなければならない。

第5条（有効期限）

本契約の有効期限は，本契約の締結日から起算し，満○年間とする。期間満了後の○ヵ月前までに甲又は乙のいずれからも相手方に対する書面の通知がなければ，本契約は同一条件でさらに○年間継続するものとし，以後も同様とする。

第6条（協議事項）

本契約に定めのない事項について又は本契約に疑義が生じた場合は，協議の上解決する。

第7条（管轄）

本契約に関する紛争については○○地方（簡易）裁判所を第一審の専属管轄裁判所とする。

本契約締結の証として，本書を二通作成し，両者署名又は記名捺印の上，各自一通を保有する。

令和　　年　　月　　日

(甲) ＿＿＿＿＿＿＿＿＿＿＿＿＿＿＿

(乙) ＿＿＿＿＿＿＿＿＿＿＿＿＿＿＿

別紙1

開示情報一覧（甲から乙に開示）

提供年月日	情報の件名・概要	提供方法	その他
	ファイル名・文書のタイトルその他提供した情報を特定できる記載	CD，紙資料，メール等	

3　レビューのポイント

(1)　はじめに

　秘密保持契約書をレビューするうえでの留意点は,「第4章　契約書の構成と文例」「8　一般条項」「(2)　秘密保持」で述べたことと多くの点で共通します。ここでは,より詳細に解説を行います。

(2)　検討事項の特定（秘密保持契約の目的）（ひな形前文）

　当該秘密保持契約書における検討事項の特定を行います。ひな形でいえば,契約書前文の「＿＿＿＿＿について検討するにあたり（以下「本取引」という。）」の部分がこれに当たります。また,契約の「目的」として定められる場合もあります（「第4章　契約書の構成と文例」「5　目的」参照）。この記載により,当該秘密保持契約書の対象となる範囲を特定します。

　秘密保持契約書を締結する場面においては,「1　秘密保持契約書とは」「(2)秘密保持契約書を用いる場面」で述べたように,共同研究開発や業務提携などの秘密情報を開示する目的となる検討事項がある場合が通常ですので,その検討事項の内容を記載することになります。

　特に,同一当事者間で複数の検討事項や取引が存在する場合には,検討事項の記載があまりに抽象的であると,当該秘密保持契約書の適用範囲が不明確となってしまいます。したがって,検討事項を記載するにあたっては,**その事項を特定するに足りる程度に具体性をもって記載する必要**があります。

　また,秘密保持契約書においては,秘密情報の目的外使用を禁止することが一般的です（ひな形2条1項2号参照）。そのため,検討事項をあまりに狭く限定してしまうと,情報を利用できる場面も限定されてしまい,当事者が意図した目的を達成できないおそれがあります。反面,検討事項をあまりに広くしてしまうと,こちらが想定していない目的で相手方に情報を利用されてしまうおそれがあります。特に,重要な情報をより多く開示する可能性が高い当事者側である場合には,検討事項が過度に広範なものになっていないかをきちんと確

認する必要があるでしょう。

(3) 「秘密情報」の範囲（ひな形1条）

　「秘密情報」の範囲を確定します。「秘密情報」の範囲の定め方にはいくつか
のバリエーションがあります。

　ひな形では，1条1項柱書において，「秘密情報」を「甲又は乙が相手方に
開示し，かつ開示の際に秘密である旨を明示した技術上又は営業上の情報，本
契約の存在及び内容その他一切の情報」としたうえで，2項から4項において
より詳細な規定を置いています。ここでまず注目すべきは，「本契約の存在及
び内容」が含まれている点です。業務提携やM&A取引においては，その検
討が行われていることそれ自体を秘密にしておきたい場合も多く存在します。
そのため，このような場合には，本契約の存在および内容についても，秘密保
持義務の対象とする必要があります。また，さらに進んで「業務提携に向けた
検討の事実」などの記載を加筆することも考えられます[3]。「秘密情報」の範囲
を定めるうえでは，事業部門担当者からのヒアリングを踏まえて，必要な範囲
に漏れがないように記載する必要があります。

　次に注目すべきは，秘密情報を「秘密である旨を明示した」情報としている
部分です。ここでは，秘密であることを明示したものを秘密情報としています
が，「秘密情報」の範囲は，以下のように様々なバリエーションが考えられま
す。レビューにおいては，自社が情報の開示側と受領側のどちらになる場面が
多いのかといった事情や，「第2章　契約書レビューの作法」「4　契約書レ
ビューの目的」「(6)　実効性を確保する」で述べた事業部門における運用の可
否や実態も踏まえて，「秘密情報」の範囲を定める必要があります。

3　経済産業省「秘密情報の保護ハンドブック〜企業価値向上に向けて〜（令和4年5月改
　訂版）」190頁（＊2）

・「秘密情報」の範囲の定め方の例

【例①】

> 本契約における「秘密情報」とは，別紙のとおりとする。

　この方法によれば，秘密保持義務の対象となる「秘密情報」は明確であり，契約当事者間で最も疑義が生じにくい方法といえるでしょう。特に，情報の受領側当事者からすれば，「秘密情報」として取り扱う情報の範囲が明確であり，情報管理上便宜です。開示が予定される秘密情報が限定的で，特定が容易な場合には，この方法によることでよいと考えます。

　しかしながら，実際には，あらかじめ開示するすべての秘密情報を別紙においてすべてリスト化しておくことは予測可能性の観点から難しい場合が多いでしょう。ひな形1条2項のように，「なお，別紙は甲と乙とが協力し，常に最新の状態を保つべく適切に更新するものとする」とすることで適宜更新できるようにすることも考えられますが，都度更新することは煩雑なだけでなく，開示側当事者にとっては，更新が遅れた場合に一時的に「秘密情報」に該当しない時期が生じてしまうというリスクも存在します。

　そのため，「秘密情報」の範囲の特定に別紙を用いるとしても，特に情報の開示側となることが多く想定される当事者にとっては，「秘密情報」を別紙に記載されたものに限定する定め方は避けたほうがよい場合が多いでしょう。すなわち，ひな形1条2項のように，別紙記載の情報を「含む」という形で，別紙に記載された情報以外のものも「秘密情報」として秘密保持義務の対象となるような形とすることが望ましいといえます。

【例②】

> 本契約における「秘密情報」とは，甲又は乙が相手方に開示する技術上又は営業上の情報，本契約の存在及び内容その他一切の情報をいう。

　この方法によれば，開示情報はすべて「秘密情報」に該当します。情報の開

示側にとっては安心ですが，受領側としては，「秘密情報」として取り扱うべき情報が多くなるため，管理が大変になる側面があるでしょう。特に，情報の受領側となることが多く想定される当事者にとっては，「秘密情報」を一定範囲で限定できないか検討すべきでしょう。

【例③】

> 　本契約における「秘密情報」とは，甲又は乙が相手方に開示し，かつ開示の際に秘密である旨を明示した技術上又は営業上の情報，本契約の存在及び内容その他一切の情報をいう。

　ひな形はこの形となっています（1条1項柱書）。「秘密である旨の明示」を要求しているため，これにより，「秘密情報」に該当するものを明確化しようとしています。ただし，【例③】の記載だけでは，明示の方法が指定されておらず，口頭での説明であっても「明示」に当たると解釈しうることから，当事者間において「言った言わない」の争いが生じるリスクが考えられます。

　このような事態になることを防止するため，ひな形では，口頭による開示の場合や秘密である旨の表示が困難な形態または媒体による開示の場合についての規定を設けています（1条3項・4項）。

　ひな形のような定め方以外では，以下のような定め方も考えられます。

【例④】

> 　本契約において「秘密情報」とは，甲又は乙が相手方から開示を受けた技術上又は営業上の情報その他一切の情報のうち以下のいずれかに該当するもの，並びに本契約の存在及び内容をいう。
> ①　文書その他の有体物に化体された情報として開示された場合には，当該有体物に秘密である旨が表示されているもの
> ②　口頭，映像その他性質上秘密である旨の表示が困難な形態又は媒体により情報が開示された場合には，開示の際にそれが秘密であることが伝達され，かつ，当該開示から●日以内に当該情報を記載した書面に秘密である旨が表示されて交付を受けたもの

⑷　「秘密情報」の除外事由（ひな形1条1項ただし書）

　秘密保持義務の対象となる「秘密情報」から除外される事由を定めます。「秘密情報」の除外事由については，「第4章　契約書の構成と文例」「8　一般条項」「⑵　秘密保持」で述べたとおり，どの秘密保持契約書においてもほとんど共通した内容が記載されています。

　なお，秘密保持契約書の中には，除外事由として，「官公庁の要求又は裁判所の命令その他法令の定めによって開示することを要求されたもの」が記載されているものがあります。しかしながら，官公庁などから開示要求を受けた場合に，それらの情報が一律に「秘密情報」から除外されるのは相当ではないでしょう。したがって，後述する「⑹　秘密保持義務の例外（ひな形2条2項・3項）」として，すなわち，「秘密情報」からは除外されないものの例外的に当該官公庁などへの開示の限度で許容される，という形で規定しておくべきでしょう（ひな形2条および「第4章　契約書の構成と文例」「8　一般条項」「⑵　秘密保持」の条項例2項参照）。

⑸　秘密情報の取扱い（ひな形2条・3条）

　秘密情報の取扱いを定めます。契約当事者が秘密保持義務を負うこと（第三者に開示・漏えいしてはならないこと）のほか，目的外使用の禁止などを定めることが通常です。秘密情報の取扱いについて定めるべき事項については，以下で詳述します。**特に，重要な情報をより多く開示する可能性が高い当事者側である場合には，厳格な規定を置くことを検討すべきでしょう。**

　また，「秘密情報」それ自体でなくとも，複写物，複製物が開示されてしまえば，秘密保持契約を締結した趣旨が没却されてしまうおそれがあります。秘密情報の複製を認める場合には，ひな形2条1項柱書の括弧書のように，**複写物，複製物についても秘密情報と同様に取り扱わなければならないということを規定しておくべきでしょう。**

【秘密情報の取扱いについて定めるべき事項】

- **秘密保持義務**

　まず，契約当事者が秘密保持義務を負うこと，すなわち，「秘密情報」を第三者に開示・漏えいしてはならない旨を定めることは必須でしょう。ひな形では，2条2項がこれに該当します。

- **目的外使用の禁止**

　秘密情報が相手方によって目的外に使用されてしまうことを防止すべく，秘密情報の目的外使用の禁止を規定しておくことも必須といえます。ひな形では，2条1項2号がこれに該当します。

- **複製の禁止・制限**

　秘密情報の複製を禁止・制限する定めを置くこともあります。

　①複製を全面的に禁止する，②相手方の（書面による）承諾がある場合を除き複製を禁止する，③目的の範囲内に限って複製を許容する，④複製を禁止・制限しない，というようなパターンが考えられます。ひな形2条1項3号は，③の方法を採用しつつも，複製をした場合にはその記録をしなければならないとすることによって複製を管理しようとするものであり，開示側にとっては厳格な情報管理につながる一方で，受領側にとっては負担になります。どこまで厳格な定めとするかを検討するに際しては，開示が想定される情報の重要性はもちろんのこと，想定される情報の利活用方法も考慮して検討を行う必要があります。

- **保管・管理方法**

　善良なる管理者としての注意義務をもって保管・管理すること（ひな形2条1項1号），管理責任者を定めること（同5号），受領当事者が保有する他の情報や記録媒体などと明確に区別して管理することなどを定めることが考えられます。

- **返還・破棄・消去**

　秘密情報が不要となった場合，または相手方（開示側当事者）から請求があった場合には，ただちに秘密情報を相手方に返還・破棄・消去しなければならないことなどを定めます。ひな形では，3条がこれに該当します。

　これらに加えて，秘密保持契約（本契約）の終了時や検討事項（本取引）の終了時の返還・破棄・消去についても記載する場合が多いでしょう。また，受領側当事者に，返還，破棄または消去したことを証明する書面の提出義務を定める場合もあります。

　また，受領側当事者としての立場からは，実効性確保の観点から，返還・破棄・消去の例外（たとえば，一般従業員がアクセスできない自動バックアップデータなどがサーバ上に作成される場合には，それらを消去義務の対象外とする）を定める必要がないかも検討しておくべきでしょう。

(6)　秘密保持義務の例外（ひな形2条2項・3項）

　秘密情報に該当する情報について，例外的に秘密保持義務を負わなくなる場面を定めます。

　まず，相手方の（書面による事前の）承諾がある場合には，秘密情報を第三者に開示できることを定めておく場合が多いです。ひな形では，2条2項がこれに当たります。

　次に，法令に基づいて開示が義務づけられている場合についても，開示を許容していることが多いです。ひな形では，2条3項がこれに当たります。ひな形2条3項は，「事前に相手方に通知し，開示につき可能な限り相手方の指示に従う」としていますが，「必要最小限の範囲に限って開示することができる」のような形で定める場合もあります。また，上場会社の場合には，証券取引所規則によって証券取引所への開示が義務づけられる場合を規定しておくことも必要でしょう。加えて，緊急な対応が必要な場合に備えて，「ただし，緊急の場合には，開示後速やかに通知することで足りる」と定める場合もあります。

　さらに，「自己の役員及び従業員，並びに自己の弁護士，公認会計士，税理士及びコンサルタント等の外部アドバイザー」や「グループ会社」などについては秘密情報を開示できるように定めておく場合もあります（ただし，「コンサルタント等の外部アドバイザー」はかなり広範な表現であるため，たとえば，M&A取引の場合にはFA（ファイナンシャル・アドバイザー）に限定することも考えられます）。この場合の注意点については，「第4章　契約書の構成と文例」「8　一般条項」「(2)　秘密保持」の「④秘密保持義務の例外」についての解説を参照ください。加えて，検討対象となっている取引において借入などの資金調達を検討している場合には，開示先として金融機関などを明記しておくことも検討すべきでしょう。

(7)　違反の場合の効果（ひな形4条）

　受領側当事者が秘密保持義務などに違反した場合の効果を定めます。ひな形では，4条がこれに当たります。ひな形4条は，損害賠償義務を中心に定めて

いますが，損害賠償条項の定め方については，「第4章　契約書の構成と文
例」「8　一般条項」「(5)　損害賠償」を参照ください。

　また，ひな形4条は，「相手方が必要と認める措置を講ずる」義務も定めて
います。万一秘密情報が漏えいしてしまった場合に，これによる被害を最小限
にとどめる趣旨でこのような規定が定められます。同じような趣旨で，「情報
拡散等の損害拡大防止に協力する義務」という文言が使用される場合もありま
す。このように広範な義務を規定することは，開示側当事者にとっては有用で
すが，受領側当事者にとっては相当な負担を強いられる可能性があります。特
に，情報の受領者側となることが多く想定される場合には，対応しなければな
らない措置が無限定に拡大することにならないよう，一定の限定を付すことを
検討すべきでしょう。

　さらに，秘密保持契約（本契約）の違反があるとき，または違反のおそれが
あるときの差止めを規定しておく場合もあります。もっとも，差止めの規定が
なくとも，差止めを求めることは可能であると解され，このような規定は，確
認的なものであると考えられます[4]。

(8)　有効期間（ひな形5条）

　秘密保持契約または秘密保持義務の有効期間を定めます。ひな形では，5条
がこれに当たります。

　有効期間は，開示が想定される秘密情報の内容，開示する秘密情報を用いて
検討する事項の内容などに応じて定めることになります。

　また，ひな形5条後段のように，自動更新条項を設ける場合もあります。

　秘密情報の管理は，それ自体受領側当事者にとってコストになり，また，秘
密保持契約の有効期間中は，自らが契約に違反してしまうリスクを負い続ける
こととなります。情報は時間の経過とともに陳腐化するものですから，やみく
もに長期間を定めるのではなく，適切な期間を設定することが望ましいでしょ
う。

4　契約書作成の実務と書式・512頁

(9)　その他（ひな形6条・7条）

　上記のほか，ひな形では，一般条項として，「第4章　契約書の構成と文例」「8　一般条項」でいうところの「(11)　紛争解決条項（準拠法，管轄）」（ひな形7条）および「(12)　協議事項（誠実協議条項）」（ひな形6条）が規定されています。一般的にも，秘密保持契約書において，これらの規定を設ける場合が多いでしょう。

　また，「(10)　契約終了後の取扱い（存続条項・残存条項）」として，「(7)　違反の場合の効果」（ひな形4条）を定める条項や「(11)　紛争解決条項（準拠法，管轄）」（ひな形7条）が契約期間終了後も存続する旨を定める場合もあります。

契約書コラム⑦

秘密保持契約書は法的問題発見の端緒？

　秘密保持契約書は，他の類型の契約書と比べて比較的シンプルであり，また，内容もある程度定型化されているといえます。そのため，秘密保持契約書の作成・レビューについては，新人法務担当者や新人弁護士の担当とされることも少なくありません。

　一方で，秘密保持契約書が，他の類型の契約書と比較して重要性が劣るかというと必ずしもそういうわけではありません。特に，企業の法務担当者にとっては，秘密保持契約書の内容の重要性もさることながら，法的問題発見の端緒となる点にも重要性があると思います。

　上記のとおり，秘密保持契約書は，業務提携などの具体的な取引が開始される前の段階で締結されることの多い契約です。このことから，企業においては，事業部門から法務部門に対して秘密保持契約書の作成・レビュー依頼が回ってくることによって，法務部門担当者が，事業部門において検討している取引の具体的な内容を知るきっかけとなる，という場面も珍しくありません。法務部門担当者が，秘密保持契約書の作成・レビューを行う過程で，事業部門が検討している取引自体に法的な問題がみつかるということもあるかもしれません。

　秘密保持契約書の作成・レビューにおいては，簡易かつ定型的な契約書だからといってこれを軽視することなく，その先に予定されている取引の内容まで含めたヒアリングを行うことを意識すべきでしょう。

●演習問題●

　第5章では，秘密保持契約書の作成・レビューのポイントを解説しました。秘密保持契約書は数も多く，また，内容も比較的シンプルであることから，新人であっても，その作成・レビューの担当を任されることは少なくないでしょう。ポイントをしっかり押さえて，正確なレビューができる能力を身につけましょう

①　秘密保持契約書は，NDA と呼ばれることがある。

②　秘密保持契約書は，秘密保持義務を課していない第三者に自社の秘密情報を開示する場合のみならず，締結済みの契約書などによって相手方に何らかの秘密保持義務を課しているとしても当該秘密保持義務の対象ではない自社の秘密情報を当該相手方に開示する場合に締結を検討する必要がある。

③　相互に情報を開示するのではなく一方当事者のみが情報を開示することが想定される場合であれば，開示当事者が秘密保持義務を負うことを内容とする秘密保持誓約書を作成すれば足り，双方当事者が秘密保持義務を負うことを内容とする秘密保持契約書の締結が必要になることはない。

④　秘密保持契約書に検討対象となる事項を記載する場合，当該秘密保持契約書の適用範囲が不明確とならないよう，その事項を特定するに足りる程度に具体性をもって記載すべきである。

⑤　秘密保持義務の対象となる「秘密情報」の範囲の定め方には，実務上様々なバリエーションがあり，法的な観点のみならず，実際に秘密情報を取り扱う事業部門における運用の可否や実態を踏まえて，「秘密情報」の範囲を定めることが望ましい。

⑥　法令の定めによって開示が要求された情報については，秘密保持義務の対象となる「秘密情報」から一律に除外されるような定めを置いておくべきで

ある。

⑦　秘密情報の複製については，秘密情報を保護する観点から，想定される秘密情報の利用態様にかかわらず，全面的に禁止することが望ましい。

⑧　自社が上場会社の場合，秘密保持義務の例外として，証券取引所規則によって証券取引所への開示が義務づけられる場合を規定することを検討しておくべきである。

⑨　秘密保持契約を締結した相手方が秘密保持義務に違反した場合，開示当事者が採りうる手段としては，相手方に対する損害賠償請求以外に手段はない。

⑩　秘密保持契約の有効期間を定める場合，情報は時間の経過とともに陳腐化するものであり，やみくもに長期間を定めるのではなく，適切な期間を設定することが望ましい。

答え：①　○，②　○，③　×，④　○，⑤　○，⑥　×，⑦　×，⑧　○，⑨　×，⑩　○

業務委託契約書作成・
レビューのポイント

1　業務委託契約書とは

(1)　業務委託契約書締結を検討する場面

　業務委託契約書とは，その名のとおり，一方当事者が他方当事者に対して，何らかの「業務」を「委託」することを内容とする契約です。一般的に，委託する側の当事者を「委託者」，受託する側の当事者を「受託者」と呼びます。

　業務委託契約において委託される「業務」の内容は，清掃，運送，ソフトウェア開発，コンサルティングなど多岐にわたり，「業務委託契約書」という名称からだけではどのような内容の契約なのかを判別することは困難です（ただし，「ソフトウェア開発委託契約書」などのように，より具体的な名称が付されている場合もあります）。

　もっとも，実務上は，典型契約でいうところの，委任（準委任）契約（民法643条〜656条）または請負契約（同法632条〜642条）に分類できる契約を「業務委託契約」と呼んでいる場合が多いでしょう。そこで，本章では，「業務委託契約」という場合，委任（準委任）契約または請負契約に分類できる契約であることを前提とした解説を行うこととします。

(2)　委任契約と請負契約

● 委任契約と請負契約の区別の重要性

　当該業務委託契約が，委任（準委任）契約に該当する契約であるか，請負契約であるかを区別することは重要です。「第1章　契約の基本的事項」「1　契約とは？」「(8)　法律と契約の関係」で述べたとおり，契約で定めなかった事項について，民法上の委任契約の規定が及ぶこととなるか，請負契約の規定が及ぶこととなるかが変わってくることになるからです。

　また，委任（準委任）契約か請負契約かが，契約条項の解釈に影響を与える場合もあるでしょう。

　さらに，請負契約の場合には契約書が課税文書（2号文書）となるため印紙税がかかりますが，委任契約の場合には原則として非課税であり印紙税がかか

りません（ただし，継続的取引の基本契約に当たる場合には，7号文書として印紙税がかかります）。

•委任契約と請負契約の区別の方法

委任契約と請負契約は，以下のように区別することができます。

まず，委任契約とは，当事者の一方（委託者）が**法律行為を相手方**（受託者）**に委託**し，相手方（受託者）がこれを行うことを内容とする契約をいいます（民法643条）。法律（民法）上は，委託者側を「委任者」，受託者側を「受任者」と呼びます。また，実務上は，「法律行為」の委託を行うことはほとんどなく，たとえば清掃などの事実行為（事務）を委託することがほとんどであり，このように事実行為を委託する契約を準委任契約といいます（同法656条）。以下では，「準委任」または「準委任契約」を含む趣旨で，「委任」または「委任契約」と表現します[1]。

これに対し，請負契約とは，当事者の一方（受託者）が**ある仕事を完成する**ことを約し，相手方（委託者）がその仕事の結果に対してその報酬を支払うことを内容とする契約です（民法632条）。法律（民法）上は，委託者側を「注文者」，受託者側を「請負人」と呼びます。

委任契約と請負契約の違いは，**契約の内容として，「仕事の完成」を約束するものであるか否か**（仕事の完成が契約上の義務となっているか否か）です。仕事の完成を約束するものでない（事務処理を委託している）場合には委任契約，仕事の完成を約束するものである場合は請負契約として区別することができます。たとえば，コンサルティング業務を委託する契約の場合にはコンサルティングという事実行為を委託していることから委任契約である場合が多く，物品の製造を委託する契約の場合にはその物の完成を目的として契約をしていることから請負契約である場合が多いでしょう。なお，委任契約であっても，委任事務の履行により得られる成果に対して報酬を支払う旨の合意がされる場

1　民法656条は，準委任の場合について，委任の規定を準用しています。したがって，準委任に関して民法の規定に言及する場合，本来であれば656条への言及が必要（例として，解除の規定を指摘する場合には，「民法第656条・民法第651条」との記載）ですが，本書においては656条への言及を省略します。

合があります（民法648条の2第1項参照。このような類型を「成果完成型」
と呼ぶことがあります）。たとえば，勝訴判決に対して成功報酬を支払うこと
を内容とする弁護士と依頼者との契約がこれに当たります。この場合，弁護士
は，成果（勝訴判決を得ること）について，「仕事の完成」を約束しているわ
けではありません[2]ので，委任契約に該当します。この場合の成果の達成は，
あくまでも報酬の支払条件であり，仮に成果が得られなかったとしても債務不
履行にはなりません（ただし，善管注意義務に違反した場合には，債務不履行
になります。同法644条）。

　もっとも，実務上は，委任契約に当たるか，請負契約に当たるかの区別が難
しい場合があります。たとえば，上記に述べたコンサルティング契約でも，課
題を分析したうえで解決策を提案するレポート（成果物）を作成することが契
約内容とされている場合には，請負契約と考えられる場合もあるでしょう（さ
らにいえば，1つの契約において委任契約の規定が適用される部分と請負契約
の規定が適用される部分が混在する場合もありえるでしょう。「第1章　契約
の基本的事項」「1　契約とは？」「(6)　典型契約と非典型契約」参照）。

• 契約書上の工夫

　契約書によっては，委任か請負かについての当事者間の認識の食い違いを防
ぐため，以下のような条項を置くこともあります。

第●条（本契約の性質）
　甲及び乙は，本契約が準委任契約であることを確認する。

　もっとも，このような規定が契約の法的性質を決めるうえで必ずしも絶対的
な意味を持つとは限りません。その契約が**委任契約と請負契約のいずれとなる**

2　弁護士は，事件について，依頼者に有利な結果となることを請け合い，または保証して
　はいけないこととされています（弁護士職務基本規程29条2項）。したがって，弁護士が
　依頼者から勝訴判決などの「仕事の完成」を請け負うことは，この規定に抵触すると考え
　られます。

かは，最終的には，契約に至る経緯や契約の内容などを総合的に考慮して判断されることになります[3]。したがって，委任契約となるか請負契約となるかの予測可能性に限界があることは否定できず，「主な契約条件については契約書に書き切ってしまう」という方法が1つのアプローチとして考えられるところです（「第1章　契約の基本的事項」「1　契約とは？」「(11)　実務上の留意点」参照）。

(3)　業務委託契約に適用される法律

　上述したとおり，業務委託契約が使用される場面は非常に幅広く，業務委託契約に適用される法律も業務委託契約の内容ごとに様々なケースが想定されます。そのため，レビューにおいては，契約内容に応じた適用法令のリサーチが必要となります。以下では，業務委託契約に適用されることのある法律のうち，特に問題となることが多いものに限って解説を行います。

• 民法
　上記のとおり，委任契約に該当する契約であれば民法643条〜656条，請負契約に該当する契約であれば同法632条〜642条が適用されることになります。また，「第1章　契約の基本的事項」「1　契約とは？」「(6)　典型契約と非典型契約」で述べたとおり，民法総則の規定（同法1条〜174条）や契約総則の規定（同法521条〜548条の4）が適用されることになります。

　ただし，特別法が適用される場面では，民法と特別法の規定が矛盾または抵触する場合，当該規定の限りにおいて，特別法の規定が民法の規定に優先することになります。この点は，「第1章　契約の基本的事項」「1　契約とは？」「(7)　一般法と特別法」で述べたとおりです。

• 労働者派遣法[4]（偽装請負）
　業務委託契約に関してよく問題となる事項の1つに偽装請負の問題がありま

3　近藤圭介編著『業務委託契約書作成のポイント（第2版）』（中央経済社，2022年）（以下「業務委託契約書作成のポイント」といいます）4頁

す。業務委託契約をレビューする際には，その契約が偽装請負とならないように契約内容を確認することが必要になります。

　偽装請負とは，形式的には請負契約や業務委託契約の形を採っているものの，実態としては労働者派遣[5]であるものをいいます。労働者派遣事業を行う場合には，厚生労働大臣の許可（労働者派遣法5条1項）をはじめとする種々の制約が存在するところ，これらの制約を（違法に）回避すべく，請負契約や業務委託契約が利用される場合があります。

　（適法な）請負[6]に当たるか，偽装請負に当たるかを区別するには，請負と労働者派遣の違いを知る必要があります。両者の違いは，請負の場合には，請負人（より厳密には，請負人が雇用する労働者）は注文者の指揮命令に服さないものであるのに対し，労働者派遣の場合には，派遣労働者は派遣先の指揮命令に服するという点にあります。すなわち，**請負契約や業務委託契約の形式を採っているにもかかわらず，請負人（が雇用する労働者）を注文者の指揮命令下においた場合には，偽装請負として違法になります**[7]。

【労働者派遣と請負の違い】

　請負と労働者派遣の区別については，厚生労働省より，「労働者派遣事業と

4　労働者派遣事業の適正な運営の確保及び派遣労働者の保護等に関する法律。本書では「労働者派遣法」といいます。
5　労働者派遣法2条1号
6　偽装請負の問題は，民法上の請負契約に限定されるものではなく，業務委託契約全般で問題になりえますが，ここでは，「偽装請負」との対比をする便宜上「請負」と表記します。
7　罰則もあります（労働者派遣法59条など）。

請負により行われる事業との区分に関する基準」(昭和61年労働省告示37号)
(最終改正　平成24年厚生労働省告示518号) という告示が出されており，業務
委託契約書のレビューにおいては，この告示も参考にしつつ，偽装請負とならな
いように注意する必要があります。ただし，偽装請負となるかの判断におい
て重要なのは，契約書にどのような記載がされているかという形式的な部分で
はなく，その"実態"である点には注意が必要です。特に，**受託者 (が雇用す
る従業員) が委託者の事業所内で委託業務を行うような場合には，指揮命令関
係が生じやすく，注意が必要**となるでしょう。必要に応じて，実際に当該取引
を担当する事業部門への注意喚起を行うことも求められます。

- 下請法

　業務委託契約書をレビューする際には，その契約が下請法の適用対象となる
かを確認し，下請法の適用対象となる場合には，下請法に違反する規定となっ
ていないかを確認する必要があります。

　下請法の適用対象となる取引か否かは，**①事業者の資本規模と②取引の内容**
によって決せられます。②下請法の適用対象となる取引は，(i)製造委託 (同法
2条1項)，(ii)修理委託 (同条2項)，(iii)情報成果物作成委託 (同条3項)，(iv)役
務提供委託 (同条4項) の4つです。そして，①事業者の資本規模については，
取引の内容に応じて，以下のとおり定められています。

【下請法の対象となる場合】[8]

(1)　物品の製造・修理委託および政令で定める情報成果物・役務提供委託を行う場合

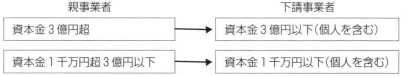

親事業者　　　　　　　　　　　　　　　　下請事業者

資本金3億円超　→　資本金3億円以下(個人を含む)

資本金1千万円超3億円以下　→　資本金1千万円以下(個人を含む)

8　公正取引委員会ウェブサイト「下請法の概要」(https://www.jftc.go.jp/shitauke/
shitaukegaiyo/gaiyo.html) 参照。

(2) 情報成果物作成・役務提供委託を行う場合（⑴の情報成果物・役務提供委託を除く）

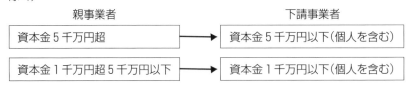

親事業者		下請事業者
資本金5千万円超	→	資本金5千万円以下（個人を含む）
資本金1千万円超5千万円以下	→	資本金1千万円以下（個人を含む）

　自社が締結する業務委託契約に下請法の適用がある場合，特に，**自社が親事業者となる場合には，下請法に定める親事業者の義務・禁止事項等に違反することがないように，注意する必要があります。**親事業者の義務・禁止事項などについては，以下の図のとおりです。本書では，詳細な解説は行いませんが，下請法についての解説については，公正取引委員会・中小企業庁が発行する「下請取引適正化推進講習会テキスト」の内容が充実しており，参考となるでしょう（インターネット上から入手することも可能です[9]）。

【親事業者の義務・禁止事項等】[10]

義務
ア　書面の交付義務（3条）
イ　書類の作成・保存義務（5条）
ウ　下請代金の支払期日を定める義務（2条の2）
エ　遅延利息の支払義務（4条の2）
禁止事項（4条）
ア　受取拒否の禁止（1項1号）
イ　下請代金の支払遅延の禁止（1項2号）
ウ　下請代金の減額の禁止（1項3号）
エ　返品の禁止（1項4号）
オ　買いたたきの禁止（1項5号）
カ　購入・利用強制の禁止（1項6号）
キ　報復措置の禁止（1項7号）

9　https://www.chusho.meti.go.jp/keiei/torihiki/download/shitauke_koushu.pdf
10　前掲注8と同じ。

　ク　有償支給原材料等の対価の早期決済の禁止（2項1号）
　ケ　割引困難な手形の交付の禁止（2項2号）
　コ　不当な経済上の利益の提供要請の禁止（2項3号）
　サ　不当な給付内容の変更・やり直しの禁止（2項4号）

●フリーランス保護新法

　本書執筆時点（2023年11月）ではまだ未施行ですが，「特定受託事業者に係る取引の適正化等に関する法律」（フリーランス・事業者間取引適正化等法）が2023年4月28日に可決成立し，同年5月12日に公布されました。

　個人で働くフリーランスに業務委託を行う発注事業者に対し，業務委託をした際の取引条件の明示，給付を受領した日から原則60日以内での報酬支払，ハラスメント対策のための体制整備等が義務づけられることとなります[11]。下請法と異なり，資本金要件の制限がなく適用される点に特徴があります。

　今後は，これまで下請法の適用がなかった相手と業務委託契約を締結する場合にも，同法に抵触することがないように注意する必要があります。

●個人情報保護法[12]

　業務委託契約において，個人情報（個人情報保護法2条1項）の提供が想定される場合には，個人情報保護法にも注意する必要があります。

　個人情報保護法においては，個人データ（個人情報データベース等[13]を構成する個人情報をいいます）を第三者に提供する場合には，原則として，本人の同意が必要とされています（同法27条1項）。ただし，個人情報取扱事業者が利

11　厚生労働省ウェブサイト「フリーランスとして業務を行う方・フリーランスの方に業務を委託する事業者の方等へ」（https://www.mhlw.go.jp/stf/seisakunitsuite/bunya/koyou_roudou/koyoukintou/zaitaku/index_00002.html）より引用。
12　個人情報の保護に関する法律。本書では，「個人情報保護法」といいます。
13　特定の個人情報をコンピュータを用いて検索することができるように体系的に構成した個人情報を含む情報の集合体，又はコンピュータを用いていない場合であっても，紙面で処理した個人情報を一定の規則（例えば，五十音順，生年月日順など）に従って整理・分類し，特定の個人情報を容易に検索することができるよう，目次，索引，符号等をし，他人によっても容易に検索可能な状態においているものをいいます（個人情報保護委員会ウェブサイト（https://www.ppc.go.jp/all_faq_index/faq3-q2-1/）より引用）。

用目的の達成に必要な範囲内において個人データの取扱いの全部または一部を委託することに伴って当該個人データが提供される場合は，同意が不要となります（同条5項）。たとえば，データの打ち込みなど，情報処理を委託するために個人データを提供する場合や百貨店が注文を受けた商品の配送のために，宅配業者に個人データを提供する場合などがこれに当たります[14]。

そして，個人情報保護法では，個人データの取扱いの全部または一部を委託する場合，委託者は，受託者において個人データの安全管理が図られるよう，委託を受けた者に対する必要かつ適切な監督を行わなければならないとされています（同法25条）。したがって，個人データの取扱いを委託する業務委託契約書においては，このような監督が機能するような定めを置くことが求められます。

なお，個人情報保護法に関しては，個人情報保護委員会より，「個人情報の保護に関する法律についてのガイドライン」が出されています（インターネット上から入手することも可能です[15]）。契約書レビューに際しては，これらも参考にするとよいでしょう。

---

14 個人情報保護委員会「個人情報の保護に関する法律についてのガイドライン（通則編）」（平成28年11月，令和4年9月一部改正）（以下「個人情報保護法ガイドライン」といいます）80頁
15 https://www.ppc.go.jp/personalinfo/legal/

2 ひな形

　業務委託契約書のひな形を探す場合についても，やはり，「第2章　契約書レビューの作法」「3　ベースとなる契約書の準備」で述べたような方法で準備することになるでしょう[16]。ただし，これまで述べてきたとおり，業務委託契約が使用される場面は非常に幅広く，一口に業務委託契約書といっても，その内容は様々です。参考にする際には，**現在取り扱っている取引とできるだけ類似する取引内容の契約書を探す**とよいでしょう。

　ここでは，業務委託契約のうち，委任型[17]，かつ，比較的簡易な内容のひな形を紹介します。ひな形では，委託者を甲，受託者を乙としています。

16　書籍については，たとえば，近藤圭介編著『業務委託契約書作成のポイント（第2版）』（中央経済社，2022年）が有用であると思います。

17　以下では，委任契約に分類できる業務委託契約を「委任型」，請負契約に分類できる業務委託契約を「請負型」と表記します。

業務委託契約書

　●●株式会社（以下「甲」という。）と●●株式会社（以下「乙」という。）とは，●●業務の委託に関し，次のとおり業務委託契約（以下「本契約」という。）を締結する。

第1条（目的）
　本契約は，甲が●●業務（以下「本業務」といい，その具体的内容は別紙のとおりとする。）を乙に委託し，乙がこれを受託することを内容とする取引に適用される事項を定めることを目的とする。

第2条（本契約の性質）
　甲及び乙は，本契約が準委任契約であることを確認する。

第3条（本業務の委託・遂行）
1．甲は，乙に対し，本業務を委託し，乙はこれを受託する。
2．乙は，関係諸法令を遵守のうえ，善良な管理者の注意をもって本業務を遂行しなければならない。

第4条（有効期間）
　本契約の有効期間は，●●●●年●月●日より6ヶ月間とする。ただし，甲乙間で別途合意した場合には，本契約を延長することができる。

第5条（業務委託料等）
1．本業務の業務委託料は，月額金●●円（税別）とする。
2．本業務の遂行のために必要となる資材，機材，交通費その他の諸費用は，甲乙間で別途合意した場合を除き，乙の負担とする。
3．甲は，乙に対し，第1項に定める業務委託料に消費税及び地方消費税を加えた金額を毎月末日限り，下記の銀行口座に振り込む方法によって支払う。振込手数料は，甲の負担とする。

記

　　　銀行名：●●銀行　●●支店
　　　口座番号：●●●●●●●（普通預金口座）
　　　名義人：●●●●株式会社（●●●●（カ）

第6条（遅延損害金）
　甲が前条に定める業務委託料の支払いを遅滞した場合，甲は，乙に対し，支払期日の翌日から支払い済みに至るまで年14.6％の割合による遅延損害金を支払う。

第7条（業務内容の変更）
　甲及び乙は，協議のうえ，本業務の内容を変更することができる。この場合，変更内容に応じて，甲乙協議のうえ，第4条に定める本契約の有効期間及び第5条に定める業務委託料を変更することができる。

第8条（報告）
1．乙は，甲の求めがある場合にはいつでも，本業務の遂行状況その他の本業務に関して甲が要求した事項につき，甲に報告しなければならない。
2．甲は，前項の報告を受けた結果，必要があると認める場合には，乙に対し，合理的な範囲で本業務の遂行方法その他の本業務に関する事項につき改善を求めることができる。

第9条（知的財産権の帰属等）
1．本業務の過程で生じる発明，考案，創作，著作物その他の本業務の成果（以下「本成果」という。）について，特許権及び特許を受ける権利，実用新案権及び実用新案登録を受ける権利，意匠権及び意匠登録を受ける権利，著作権（著作権法第27条及び第28条に定める権利を含む。）その他の知的財産権（ノウハウ等に関する権利を含む。）は，すべて甲に帰属する。
2．乙は，甲が本成果を利用することについて，著作者人格権を行使しない。
3．乙は，甲に対し，本業務の遂行及び本成果が第三者の知的財産権侵害を構成しないことを保証する。甲による本成果の利用に起因して第三者との間で知的財産権の侵害を理由とする紛争が発生した場合，乙は，自らの費用と責任においてこれを解決するものとし，当該紛争に起因して甲に生じたすべての損害を賠償しなければな

らない。

第10条（個人情報の取扱い）

1．乙は，本業務に関して，甲から個人情報（個人情報の保護に関する法律（平成15
年法律第57号）第2条第1項に定めるものをいう。以下同じ。）の開示を受けた場
合，関係法令及びガイドラインを遵守のうえ，当該個人情報を本業務の目的の範囲
内でのみ取り扱うものとし，本業務の目的以外にこれを取り扱ってはならない。

2．前項の場合，乙は，個人情報の漏洩，滅失又は毀損の防止，その他個人情報の安
全管理のために必要かつ適切な措置（以下「安全管理措置」という。）を講じなけ
ればならない。

3．乙は，安全管理措置を徹底するため，甲から個人情報の開示を受けた場合，直ち
に，当該個人情報の取扱いに関わる責任者を選任し，かつ，甲に当該責任者の氏名
及び連絡先を書面により通知しなければならない。当該責任者を変更する場合も同
様とする。

4．甲は，乙における安全管理措置の実施状況を確認するため，乙の事前承諾を得て，
報告，資料の提出又は監査の受入れを求めることができる。なお，乙は，かかる承
諾を不合理に留保，拒絶又は遅延してはならない。

5．甲は，前項による報告，資料又は監査の結果，乙において安全管理措置が十分に
講じられていないと認めた時は，乙に対し，改善を要求することができる。

6．前項の改善要求があった場合，乙は，安全管理措置の改善について，甲と誠実に
協議するものとする。

第11条（再委託）

1．乙は，甲の書面による事前の承諾がある場合を除き，本業務を第三者に再委託す
ることはできない。

2．前項の承諾を得て本業務の全部又は一部を第三者に再委託する場合，乙は，当該
再委託先との間で，再委託にかかる本業務を遂行させることについて，本契約に基
づいて乙が甲に対して負担するのと同等以上の義務を，再委託先に負わせる契約を
締結しなければならない。また，乙は，本業務に関する再委託先の一切の行為につ
いて，自ら為した場合と同様の責任を甲に対して負う。

第12条（秘密保持）

1．甲及び乙は，本契約の遂行の過程で相手方から開示を受けた技術上又は営業上そ
の他の一切の情報（以下「秘密情報」という。）を，事前に相手方の書面による承

諾を得ることなく，第三者に開示又は漏洩してはならず，本契約の遂行以外の目的に使用してはならない。ただし，次の各号のいずれか一つに該当する情報についてはこの限りではない。

一　開示を受けたときに既に自ら保有していたもの

二　開示を受けたときに既に公知であったもの

三　開示を受けた後，自己の責によらず公知となったもの

四　正当な権限を有する第三者から秘密保持義務を負うことなく適法に入手したもの

五　相手方から開示を受けた情報によらず独自に開発したもの

2．前項にかかわらず，甲及び乙は秘密情報のうち法令の定めに基づき開示すべき情報を，当該法令の定めに基づく開示先に対し，必要最小限の範囲に限って開示することができる。

第13条（解除）

1．甲及び乙は，相手方が本契約のいずれかの条項に違反し，相当期間を定めて是正を求める催告をしたにもかかわらずその期間内にこれを是正しない場合は，本契約を解除することができる。

2．甲及び乙は，相手方に次の各号のいずれかに該当する事由が生じた場合には，何らの催告を要することなく，直ちに本契約を解除することができる。

一　監督官庁より営業の許可の取消し，又は停止等の処分を受けたとき

二　支払停止若しくは支払不能の状態に陥ったとき，又は自ら振り出し，若しくは裏書した手形若しくは小切手の不渡り処分を受けたとき

三　第三者より仮差押え，仮処分又は差押え等の強制執行を受けたとき

四　破産，会社法上の特別清算，民事再生，又は会社更生の手続開始の申立てがあったとき

五　公租公課の滞納処分を受けたとき

六　解散，合併，会社分割又は事業の全部若しくは重要な一部の譲渡の決議をしたとき

七　財産状態が悪化し，又はそのおそれがあると認めることができる相当の事由があるとき

八　その他前各号に準ずる事由があるとき

3．甲及び乙は，相手方から第1項に定める催告を受けたにもかかわらず相当期間内に違反を是正しない場合又は前項各号のいずれかに該当する場合，相手方に対して負担する一切の債務につき，相手方から通知又は催告がなくとも当然に期限の利益

を喪失し，直ちに相手方に弁済しなければならない。

第14条（中途解約）
　甲及び乙は，本契約の有効期間中であっても，相手方に通知することにより，本契約を中途解約することができる。この場合，本契約は，相手方が通知を受領した日の属する月の末日をもって終了する。

第15条（反社会的勢力の排除）
1．甲及び乙は，相手方に対し，次の各号の事項を確約する。
　　一　自ら又は自らの役員（取締役，監査役，執行役，執行役員その他名称にかかわらず，経営に実質的に関与している者をいう。以下同じ。）が，暴力団，暴力団員，暴力団員でなくなった時から5年を経過しない者，暴力団準構成員，暴力団関係企業，総会屋，社会運動等標ぼうゴロ，特殊知能暴力集団その他これらに準ずる者（以下総称して「反社会的勢力」という。）に該当せず，かつ将来にわたっても反社会的勢力に該当しないこと
　　二　自ら又は自らの役員が反社会的勢力と社会的に非難されるべき関係を有しておらず，かつ将来にわたってもこのような関係を有しないこと
　　三　反社会的勢力に自己の名義を利用させ，本契約の締結及び履行をするものではないこと
2．甲及び乙は，相手方に対し，自ら又は第三者を利用して，本契約に関して次の各号の行為をしないことを確約する。
　　一　暴力的な要求行為
　　二　法的な責任を超えた不当な要求行為
　　三　脅迫的な言動をし，又は暴力を用いる行為
　　四　風説を流布し，偽計を用い又は威力を用いて相手方の信用を毀損し，又は相手方の業務を妨害する行為
　　五　その他前各号に準ずる行為
3．甲及び乙は，前二項のいずれかに違反する事項が判明した場合には，直ちに相手方に対して書面で通知しなければならない。
4．甲及び乙は，相手方が前三項の規定のいずれかに違反した場合，何らの催告を要することなく，本契約を解除することができる。この場合において，解除された者は，その相手方に対し，相手方に生じた損害を賠償しなければならず，また，解除により自身に生じた損害について一切の請求を行うことができない。

第16条（損害賠償）
１．甲及び乙は，本契約の条項に違反した場合又は本契約に関連して相手方に損害を
　与えた場合，相手方に生じた損害を賠償する責任を負う。
２．前項の損害賠償の額は，第５条に基づき乙が甲から受領した業務委託料の合計額
　を上限とする。
３．前項の規定は，損害賠償義務者の故意又は重大な過失に基づく場合には適用しな
　い。

第17条（権利義務の譲渡禁止）
　甲及び乙は，互いに相手方の書面による事前の承諾がない限り，本契約上の地位を
第三者に承継させ，又は本契約から生じる権利義務の全部若しくは一部を第三者に譲
渡し，引き受けさせ，若しくは担保に供してはならない。

第18条（存続条項）
　本契約の終了後も，第12条（秘密保持），第16条（損害賠償），第17条（権利義務の
譲渡禁止）本条及び第19条（専属的合意管轄）の各規定は有効に存続する。ただし，
第12条（秘密保持）については，本契約の終了後３年間に限る。

第19条（専属的合意管轄）
　本契約に関する一切の紛争については，東京地方裁判所を第一審の専属的合意管轄
裁判所とする。

第20条（協議事項）
　本契約に定めのない事項又は疑義が生じた事項については，甲及び乙は誠意をもっ
て協議し，円満な解決を図るものとする。

　本契約締結の証として，本契約書を２通作成し，甲乙それぞれ記名押印の上，各１
通を保有する。

●●●●年●月●日

　　　　　　　　　　甲　　東京都●●区●●●丁目●番地●
　　　　　　　　　　　　　●●株式会社
　　　　　　　　　　　　　代表取締役　　●●●●　　　印

　　　　　　　　　　乙　　東京都●●区●●●丁目●番地●
　　　　　　　　　　　　　●●株式会社
　　　　　　　　　　　　　代表取締役　　●●●●　　　印

別紙

　本業務の内容は，以下のとおりとする。
　・・・・・・
　・・・・・・
　・・・・・・

3　レビューのポイント

　これまで述べてきたとおり，一口に業務委託契約書といっても，その内容は様々であり，レビューのポイントも業務委託契約書の種類によって異なります。ここでは，上記ひな形を例にしたレビューのポイントを中心に解説します。

(1)　委託業務の内容（ひな形1条，別紙）

・業務内容の記載の重要性

　委託業務の内容をきちんと記載することは，業務委託契約書の作成・レビューにおいて最も重要なことといっても過言ではないでしょう。

　まず，委託業務の内容を記載するにあたっては，**委託者と受託者との間で認識の齟齬がないようにしておく必要があります**。たとえば，委託業務の内容が清掃業務である場合を例に考えてみます。一口に「清掃」といっても，掃除機をかける，雑巾がけをする，ゴミの回収をするといったようにその具体的内容は様々です。業務委託契約書においてこれらの業務内容をきちんと定めなかった場合，委託者は，ゴミの回収をしてくれると思っていたのに，受託者はそのつもりがなかった，というような事態が生じかねません。この場合，委託者は，受託者からゴミの回収を拒否され，ゴミの回収を行うために別の業者を手配したり，追加費用の支払が必要になったりする可能性があります。反対に，受託者は，委託者から，「清掃の範囲を特に限定していない以上，当然にゴミの回収も「清掃」業務に含まれるはずだ」と言われて，当初想定していなかった業務までなし崩し的に引き受けさせられてしまうかもしれません。レビューにあたっては，解釈に疑義の生じるような文言となっていないかの確認はもちろんのこと，**委託者側の立場であれば委託する業務に抜け漏れがないかどうか，受託者側の立場であれば自社が想定していない業務が含まれていないかどうかを確認するようにしましょう**。また，「その他●●に関連する業務」「その他●●に必要な一切の業務」のように包括的な記載となっている場合には，委託者から，受託者が想定していなかった業務まで委託業務に含まれると主張されるリスクがあります。受託者側の立場としては，このような包括的な記載は避け，

できるだけ具体的な業務を列挙する形に修正すべきでしょう。

　また，委託業務の内容は，「1　業務委託契約書とは」「(2)　委任契約と請負契約」で述べた**当該業務委託契約の法的性質を決めるうえでも，重要な要素となります**。たとえば，委託業務の内容として，受託者が委託者に対して一定の成果物を引き渡すことを業務内容としている場合には，その契約は請負契約と解される可能性が高くなります。もっとも，たとえば，コンサルティング契約で何らかのレポート（成果物）を提出することが業務内容とされている場合にも，それが報告（民法645条参照）の趣旨で規定されているのであれば，その契約は委任契約であると考えられます。一方で，その成果物に検収の規定があり，検査に合格した場合に対価である業務委託料が支払われるような形になっている場合には，その契約はやはり請負契約であると考えられる可能性が高いでしょう[18]。このように，その契約が委任契約と請負契約のいずれになるかという観点からも，委託業務の内容は重要な要素の1つといえます。そのため，委託業務の内容を定めるにあたっても，委任契約と請負契約の違いを意識しておくことが重要になります。

　委託業務の内容をきちんと定め，委託業務の内容および業務委託契約書の法的性質について当事者間に認識の齟齬が生じないようにしておきましょう。

●業務内容の記載にあたっての留意点

　委託業務の内容を契約書にドラフティングする前提として，委託業務として想定されている内容を把握する必要があります。通常は，取引を担当する事業部門担当者において，想定している具体的な業務内容が存在する場合が多いでしょう。この場合には，**事業部門担当者からのヒアリングによって，契約書に記載すべき業務内容を明らかにしたうえでドラフティングする**ことになります。また，事業部門担当者においても委託業務の具体的な内容を詰められていない場合もあります。この場合には，自社における検討や相手方との協議を経た後に，ドラフティングやその修正を行うことになります。

　また，「第1章　契約の基本的事項」「2　契約書とは？」「(2)　契約書作成

18　業務委託契約書作成のポイント・174頁参照。

の目的」で述べたとおり，契約書は，紛争時の証拠としても機能します。そのため，契約当事者間の担当者レベルで共通の認識を共有しているからといって，契約書に詳細を記載する必要がないということにはなりません。紛争時の証拠として機能させるという観点からは，**裁判所などの第三者から見ても委託業務の内容がわかるように記載しておく必要**があります。したがって，たとえ担当者レベルでは当然の前提として共有されている事項であっても，契約書においてきちんと言語化しておくことが求められます。

　以上の観点から，契約書に記載される委託業務の内容の定めは，長文となることも珍しくなく，また，ケースによっては，仕様書や図面などを添付する場合もあります。このことから，業務内容は，上記ひな形のように，契約書本文ではなく別紙で定める形となっていることが多いです。

　これまで述べてきたとおり，業務委託契約が使用される場面は非常に幅広く，委託業務の内容も様々です。できるだけ類似のケースの契約書を参照しつつ，委託業務の内容をドラフティングするとよいでしょう。

【別紙記載例（清掃業務の例）】

別紙

　本業務の内容は，以下のとおりとする。
- 対象物件：●●ビル（東京都●●区●●1-2-3所在）3階部分。ただし，共有部分（エレベーターホール及び化粧室）を除く。
- 清掃実施日時：毎週●曜日午前●時〜●時及び●曜日午前●時〜●時の週2回とする。ただし，該当日が祝日の場合には清掃を実施しない。
- 対象箇所：床面，壁面（窓は除く。）
- 清掃方法：床面の掃除機かけ，壁面の雑巾がけ，ゴミの回収（ただし，所定のゴミ置き場に置かれているものに限る。）

---

(2)　業務の委託，遂行（ひな形3条）

　ひな形では，1項に業務の委託および受託について，2項に法令遵守義務と善良な管理者の注意義務（善管注意義務）を定めています。

198 第6章 業務委託契約書作成・レビューのポイント

　善管注意義務については，本ひな形は委任型の業務委託契約であることから，契約書に定めなくても受託者が当然に負う義務（民法644条）であって，本条項はこれを確認的に定めるものです。法令遵守についても，法令を遵守することは，いわば当然のことであり，契約書に規定するまでもなく善管注意義務の中身に含まれていると考えることができると思いますが，やはり確認的な意味で定められることが多いと思います。この点で，この規定は，「第1章　契約の基本的事項」「2　契約書とは？」「(2)　契約書作成の目的」で述べた「契約遵守への意識づけ」の側面が強いといえるでしょう。このような観点から，当該業務委託について特に問題になりやすい法令名を例示列挙する場合もあります。

　また，より高度な義務を定める場合（反対に，あまり例は多くないと思いますが，より低い義務とすることも理屈上はありえます）や，監督官庁の告示・通達，特定の業界基準（水準）やガイドライン（例として，上述した個人情報保護法ガイドライン）などの遵守義務を追加的に定めることで，受託者が負う義務を拡張（または限定）する規定を置く場合もあります。

　委託者の立場である場合には，受託者による法令等への違反リスクを低減し，また，万一違反があった場合に救済手段（損害賠償請求など）を行使しやすくできるように，具体的かつ詳細な規定を置くことを検討するべきでしょう。

(3)　業務委託料（ひな形5条・6条）

　支払に関する条項においては，対価（業務委託契約書においては業務委託料）の**金額，支払時期，支払方法**を定めるのが一般的です。

・金額
　まず，対価（業務委託料）の金額を定めます。
　記載された金額が税込みか税抜きかが争いとなることのないように，契約書上に明示しておくべきでしょう。
　また，委任型の業務委託契約においては，委任事務を処理するのに必要と認められる費用は，民法上，委託者負担とされています（同法649条，650条。任意規定）が，委任事務のために必要な範囲について契約当事者間で争いとなる可能性も考えられます。そこで，委託業務の遂行に必要となる具体的な費用の

内容（材料費，交通費など）を列挙したうえで，それらをいずれの当事者が負担するのか，契約書上に明示するようにしておくことが望ましいでしょう。

・支払時期

次に，支払時期を定めます。

支払時期の定め方については，「●●●●年●月●日までに」や「毎月●日まで」のように具体的な期日や期間によって定める場合もあれば，「業務完了報告後●日以内に」のように特定の事象を基準として定める場合もあります。

一般的な傾向として，請負型の業務委託契約書の場合には，仕事の結果に対して対価を払うという性質上，特定の事象（目的物の完成，引渡し，納品，検収など）を基準として定められることが多いといえるでしょう（ただし，建設請負工事などの場合には，前払いや中間払いの定めが置かれることが多いです）。

これに対し，委任型の業務委託契約の場合には，支払時期の定め方は様々です。**委託者，受託者それぞれの立場から，自社にとって望ましい形になるような支払時期を検討する**ことが必要です。委託者としては，確実に業務を履行してもらったことを確認してから支払いたいと思うのが通常でしょう。そこで，支払時期を業務完了後にできないか，さらには，一定の成果物がある場合には，検収などの委託者による確認後に支払が行われるようにできないかなどといった事項を検討することになります。一方で，受託者としては，できるだけ早期かつ確実に支払ってもらいたいと思うのが通常でしょう。そこで，支払時期をできるだけ早期（最も確実なのは前払い）に設定できないか，さらには，検収などを経ることなく，また，検収などを経るとしても委託者の裁量的判断が入りにくいような客観的な基準にできないかといった事項を検討することになります。

・支払方法

支払方法については，実務上，銀行振込の方法が採られることが圧倒的に多いでしょう。銀行振込とする場合には，口座の特定のため，また，振込先口座に誤りがないように，振込先の**金融機関名，支店名，口座種別**（普通預金，当座預金などの記載），**口座番号，口座名義，口座名義の読み仮名（カタカナ）**

を記載するのが一般的です。

　また，振込手数料を誰が負担するかについても定めておくとよいでしょう。なお，定めがない場合には，債務者，すなわち，委託者の負担となります（民法485条本文）。

●遅延損害金

　上記のほか，ひな形6条のように，遅延損害金の利率を定める場合があります。契約で遅延損害金の利率を定めない場合には，法定利率（現在は年3％）になります（民法419条1項，同法404条2項）。法定利率は低廉であり，委託者の立場としては，より高い利率を定めることを検討するとよいでしょう。実務上は，国税の延滞税の割合にならって，年14.6％とされることが多いです。

●「成果完成型」の場合

　業務の履行により得られる成果に対して業務委託料を支払うこととする場合（いわゆる「成果完成型」の場合。「1　業務委託契約書とは」「(2)　委任契約と請負契約」参照。例として，弁護士の成功報酬）には，支払時期の検討[19]のみならず，どのような成果が得られた場合に当該業務委託料が発生することになるのか（業務委託料の発生条件）も検討する必要があります。また，契約書のドラフティングの際には，業務委託料の発生条件が成就しているかについて当事者間で争いが生じないような明確な定めとすることを意識する必要があります。

●中途終了の場合の業務委託料

①　履行割合型[20]の場合

　履行割合型の委任契約の場合，民法上，委託者の責めに帰することができない事由によって委任事務の履行ができなくなったとき，または，委任が中途終了したときには，受託者は，委託者に対し，「既にした履行の割合に応じて」

19　民法では，その成果が引渡しを要するときは，報酬（業務委託料）は，その成果の引渡しと同時に支払うものとされています（同法648条の2）が，任意規定であり，これと異なる定めをすることは可能です。

報酬（業務委託料）を請求できるとされています（同法648条3項）。

　ひな形5条のように，期間によって業務委託料を定めた場合には，契約期間に対応する履行した期間の割合がこれに当たると考えられる[21]ため，「既にした履行の割合」が争いになることは多くないでしょう。一方で，業務委託料を一連の業務全体に対する対価として定めた場合などには，「既にした履行の割合」は必ずしも具体的な割合を一義的に確定できるものではなく，「既にした履行の割合」について，契約当事者間で争いとなる可能性があります。

　そこで，業務委託契約書において，あらかじめ，中途終了の場合の「既にした履行の割合」の確定方法（業務委託料の算定方法）を合意しておくことが考えられます。たとえば，以下の条項例のように，委任業務をいくつかの段階に分けておき，各段階における履行割合を業務委託契約書上に記載しておく方法が考えられます。

【中途終了の場合の業務委託料を定める条項例①】

　委託者の責めに帰することができない事由によって本業務の履行をすることができなくなったとき，又は，本業務が中途終了したときは，受託者は，委託者に対し，下記の区分に従い，その時点において受託者がすでに行った履行割合に応じて，第●条に定める業務委託料を請求することができる。

記

本業務の着手前	0%
本業務着手後，～業務の完了前	10%
～業務の完了後，～業務完了前	50%

　②　成果完成型の場合

　また，民法上，成果完成型の委任契約の場合には，委託者の責めに帰することができない事由によって委任事務の履行ができなくなったとき，または，委

20　「成果完成型」と対照的に，委任事務の処理に対して報酬を払う形になっている委任契約（オーソドックスな委任契約）は，「履行割合型」と呼ばれます。

21　第一東京弁護士会司法制度調査委員会編『新旧対照でわかる改正債権法の逐条解説』（新日本法規，2017年）327頁参照。

任が成果の完成前に解除されたときは，委任事務の結果が可分であり，その部分の給付によって委託者が利益を受けるときは，受託者は，委託者が「受ける利益の割合に応じて」報酬（業務委託料）を請求できるとされています（民法648条の2第2項，634条）。しかしながら，この場合にも，やはり委託者が「受ける利益の割合」を算出することは必ずしも容易ではなく，委託者が「受ける利益の割合」につき，契約当事者間で争いになる可能性があります。

　そこで，業務委託契約書において，あらかじめ，中途終了の場合の業務委託料の算定方法を合意しておくことが考えられます。たとえば，上記履行割合型で述べたように段階分けを行う方法や，以下の条項例のように給付を受けた成果を評価する第三者機関を定めておくことが考えられます。

【中途終了の場合の業務委託料を定める条項例②】

1．委託者の責めに帰することができない事由によって本成果を達成することができなくなった場合，又は，本成果の達成前に本業務が中途終了した場合，受託者がその時点までにすでに行った本業務の成果のうち可分な部分の給付によって委託者が利益を受けるときは，受託者は，委託者に対し，委託者が受ける利益の割合に応じて，第●条に定める業務委託料を請求することができる。
2．前項に定める委託者が受ける利益の割合は，●●（評価を行う第三者機関の名称）の評価に従うものとし，委託者と受託者が連名で●●に評価を委託する。
3．前項の評価にかかる費用については，当事者双方が等しい割合で負担する。

③　委託者の責めに帰すべき事由によって業務の履行をすることができなくなった場合

　業務の履行ができなくなった場合の報酬について定める民法の規定（履行割合型については同法648条3項，成果完成型については同法648条の2第2項が準用する民法634条）は，委任者に帰責事由がある場合を除外しています。これは，委任者に帰責事由がある場合には，危険負担の規定（同法536条2項）が適用され，委任事務の履行が未了である部分も含めて報酬全額の請求をすることができるためといわれています[22]。したがって，委託者に帰責事由があるときは，原則として，受託者の報酬請求が全額認められることになります。もっとも，危険負担の規定は任意規定であるため，契約において修正することも可

能です。また，以下の条項例のように，民法の規定を確認的に定めておくことも考えられます。

【委託者の責めに帰すべき事由によって業務の履行ができなくなった場合の業務委託料を定める条項例】

> 委託者の責めに帰すべき事由によって本業務の履行をすることができなくなったときは，受託者は，委託者に対し，その時点における本業務の履行割合にかかわらず，第●条に定める業務委託料の全額を請求することができる。

・下請法の適用がある場合

　下請法の適用がある場合には，業務委託料（下請代金）の支払は，給付の受領日（役務提供委託の場合は，役務の提供日）から起算して60日の期間内，かつ，できるだけ短い期間内に支払期日を定めることが要求されます（下請法2条の2第1項）。

　また，下請法の適用がある場合には，支払期日までに業務委託料（下請代金）を支払わなかった場合，給付の受領日（役務提供委託の場合は，役務の提供日）から起算して60日を経過した日から支払をする日まで，年14.6%を乗じた金額の遅延利息を支払わなければならないこととされています（下請法4条の2，下請代金支払遅延等防止法第4条の2の規定による遅延利息の率を定める規則）。

　下請法の適用がある場合には，下請法の規定に反する契約条項となっていないかを確認しておくようにしましょう。

(4)　報告（ひな形8条）

　受託者から委託者への報告義務を定めるものです。

　契約書に定めなくとも，受託者は，委託者に対して，民法上の報告義務を負います（同法645条）が，契約書では，民法上の義務を確認的に規定する場合や

22　一問一答・351頁（注1）

民法上の義務を加重（または限定）したり，具体化したりする規定を置く場合
があります。

　民法上の義務を加重または具体化する場合の例としては，「書面報告」など
の形で報告の方式を定める規定を置く場合，（委託者が請求する場合に加え
て）月1回の定期報告などの形で報告の頻度を定める規定を置く場合などがあ
ります。

(5)　知的財産権の帰属（ひな形9条）

　委託業務の業務遂行過程で，知的財産権が発生することがあります。委任型
の業務委託契約の場合には，特に著作権が問題となる場合が多いでしょう。知
的財産権やそれに係る権利（特許を受ける権利など）の帰属については，法律
（著作権法15条1項，特許法29条1項，35条など）に定めがありますが，これらの
法律の解釈，適用をめぐって当事者間に認識のずれが生じる可能性が否定でき
ません。紛争を防止する観点からは，契約書においてその取扱いを定めておく
べきでしょう。

　契約書において知的財産権（これを受ける権利を含みます）の帰属先をどの
ように定めるかについては，①委託者に譲渡・帰属させる，②受託者に留保・
帰属させる，③委託者と受託者の共有とする，④別途当事者間で協議すること
とする，といった選択肢が考えられます。委託者・受託者それぞれの立場に応
じて，適切な定めとなるようにレビューしましょう。

　①＜委託者に譲渡・帰属させる＞は，委託者に有利な定め方といえます。委
託者側としては，知的財産権の利用に支障がないよう，譲渡の対象に著作権法
27条および28条に定める権利が含まれる旨（ひな形9条1項参照。著作権法61条
2項参照），著作者人格権のような譲渡できない性質の権利（著作権法59条）を
受託者が行使しない旨（ひな形9条2項参照）を規定することも忘れないよう
にしましょう。また，（典型的には，プログラムの著作権で問題になることが
多いため，委任型の業務委託契約において問題となることは比較的少ないと思
いますが，）受託者が元々保有していた著作権や，さらにそれに加えて汎用的
に利用可能な著作権については，受託者に留保する（したがって，留保部分に
ついては，別途委託者にライセンスを行う）形で定める場合もあり，受託者の

立場からは，こういった定めとする必要がないかを検討しておくとよいでしょう。

　②＜受託者に留保・帰属させる＞は，受託者に有利な定め方といえます。この場合，委託者としては，業務の成果の利用に支障がないよう，利用許諾（ライセンス）の範囲や条件を定めておく必要があります。

　③＜委託者と受託者の共有＞は，定め方として公平で，一見すると最もよいように思われるかもしれません。しかしながら，たとえば，著作権法65条2項は，「共有著作権は，その共有者全員の合意によらなければ，行使することができない」としており，共有とすることは，委託者・受託者双方にとってデメリットとなる可能性もあります。そのため，共有とする場合には，双方が知的財産権の利用に支障がないよう，業務委託契約書において，たとえば，知的財産権の利用について相互に包括的な同意を行う方法も考えられるところです。

　④＜別途当事者間で協議することとする＞という定め方について，事前に知的財産権の帰属を定めておくことが難しい場合もあり，このような定め方としている契約書は実務上も多くみられます。もっとも，あらかじめ契約書上で帰属を決めておかなかったがゆえに，その後も当事者間で協議がまとまらず，業務によって得られた成果の利用に支障をきたしてしまうといった弊害も考えられるところであり，安易に「別途協議」とするのではなく，他の定め方ができないかを検討しておくべきでしょう。また，別途協議とする場合，発明などが生じた場合の相手方当事者への通知義務を定めておくことも必要になります。

(6)　個人情報の取扱い（ひな形10条）

　「1　業務委託契約書とは」「(3)　業務委託契約に適用される法律」で述べたように，個人情報保護法では，個人データの取扱いの全部または一部を委託する場合，委託者は，受託者において個人データの安全管理が図られるよう，委託を受けた者に対する**必要かつ適切な監督を行わなければならない**とされており（同法25条），本条は，このような場合の個人情報の取扱いを定める条項です。

　個人情報保護法25条に関しては，個人情報保護法ガイドラインにおいて，必要かつ適切な措置の内容として，①適切な委託先の選定，②委託契約の締結，③委託先における個人データ状況の把握の3つが挙げられています。そして，

②委託契約の締結については，「委託契約には，当該個人データの取扱いに関する，必要かつ適切な安全管理措置として，委託元，委託先双方が同意した内容とともに，**委託先における委託された個人データの取扱状況を委託元が合理的に把握すること**を盛り込むことが望ましい」とされ，さらに，③委託先における個人データ取扱状況の把握については，「委託先における委託された個人データの取扱状況を把握するためには，**定期的に監査を行う等により，委託契約で盛り込んだ内容の実施の程度を調査した上で，委託の内容等の見直しを検討することを含め，適切に評価すること**が望ましい」とされています（55頁。太字は筆者によるもの）。

　業務委託契約において，個人情報の提供が想定される場合には，上記を踏まえた条項となるようレビューを行うべきでしょう。また，業務委託契約書とは別に「個人情報の取扱いに関する覚書」を締結する例もみられます。

⑺　再委託（ひな形11条）

・概　要

　受託者が委託業務を第三者に再委託することを認めるか否かについて定める条項です。

　委託者の立場としては，受託者の能力や信頼性に基づき「その受託者であるからこそ業務を委託した」という場合も多く，また，情報管理の観点からも，再委託を認めたくないと考える場合が多いでしょう。民法でも，委任契約においては，原則として再委託を認めない形で規定されています（同法644条の2第1項。任意規定）。

　一方で，受託者の立場としては，再委託も含めた柔軟な業務遂行が可能であるほうが便宜であり，再委託を認めてもらいたい場合は多いでしょう。また，委託者の立場からも，委託する業務の内容によっては，柔軟な再委託を認めても特に問題がない場合もあるはずです。

　このように，再委託を認めるか否かは，委託業務の内容などを踏まえて，委託者・受託者それぞれの立場から検討することになります。

• レビューのポイント

レビューに際しては，①再委託の可否，②再委託を認める範囲，③再委託をする場合に必要な手続に着目してレビューするとよいでしょう。ひな形は，①（再委託の可否）については例外的に可能とし，②（再委託を認める範囲）については限定を設けず，③（再委託をする場合に必要な手続）については委託者の書面による事前の承諾を要求しています（ひな形11条1項）。

また，（例外的または限定的であっても）再委託を認める場合には，**再委託をする場合に，④再委託先に課す義務や⑤委託者の責任についても定めておくべきでしょう**（ひな形11条2項参照）。

• 個人情報の提供が想定される場合

個人情報保護法ガイドラインにおいては，「委託先が再委託を行おうとする場合は，委託を行う場合と同様，委託元は，**委託先が再委託する相手方，再委託する業務内容，再委託先の個人データの取扱方法等について，委託先から事前報告を受け又は承認を行うこと，及び委託先を通じて又は必要に応じて自らが，定期的に監査を実施すること**等により，委託先が再委託先に対して本条の委託先の監督を適切に果たすこと，及び**再委託先が法第23条に基づく安全管理措置を講ずることを十分に確認すること**が望ましい」とされ（55頁。太字は筆者によるもの），さらに「委託元が委託先について「必要かつ適切な監督」を行っていない場合で，委託先が再委託をした際に，再委託先が不適切な取扱いを行ったときは，元の委託元による法違反と判断され得るので，再委託をする場合は注意を要する」とされています（56頁）。個人情報の提供が想定される場合に，再委託を認めるのであれば，これらの点を踏まえてレビューを行う必要があるでしょう。

(8)　中途解約（ひな形14条）

中途解約条項については，「第4章　契約書の構成と文例」「8　一般条項」「(9)　中途解約」でも解説していますが，業務委託契約の場合には，特別の注意が必要になります。すなわち，委任契約に該当する業務委託契約の場合[23]，契約上別の定めをしない限り，各当事者がいつでも契約を解除できることに

なっています（民法651条1項）。したがって，かかる民法の規定を排除するか否かを検討する必要があります。

　ひな形14条は，いつでも解約できる形にしており，民法651条1項の規定を排除しているわけではありませんが，業務委託料につき端数処理が生じないよう，契約終了の効果を月末とする形で民法の規定を一部修正しています。また，以下の条項例のような規定を設け，（条項例の場合は受託者についてのみ）民法651条1項の規定を排除する場合もあります。

【受託者について民法651条1項の規定を排除する場合の条項例】

第●条（中途解約）
1．委託者は，相手方に通知することによって，いつでも本契約を中途解約することができる。
2．前項の解約がされた場合，委託者は受託者に対し，●条に定める業務委託料の全額を支払わなければならない。
3．第1項の解約がされた場合，受託者は，前項の業務委託料のほかは，委託者に対して，損害賠償その他の金員を請求することはできない。
4．受託者は，●条に基づく解除の場合を除き，本契約を中途解約することはできない。

　中途解約を認める場合，中途解約時の業務委託料をどう処理するかも検討しておく必要があります。中途解約の場合の業務委託料については，「(3)　業務委託料（ひな形5条，6条）」で解説していますので，そちらもあわせて参照ください。

　また，民法651条2項[24]には，中途解約がされた場合の解約者の損害賠償義務についての規定が設けられています。そこで，民法上の規定を修正，あるいは具体化したいと考える場合には，業務委託契約書において，中途解約の場合の損害賠償についての定めを設けることになります（上記条項例3項は，損害賠償請求権を放棄させるものです）。

23　請負契約に該当する業務委託契約の場合には，注文者による解除権（民法641条）の規定を排除するか否かを検討する必要があります。
24　請負型の場合には，民法641条「損害を賠償して」の規定との関係で問題となります。

　なお，中途解約を認めるか否か，解約を認める場合の手続などを定める際の留意点などについては，「第4章　契約書の構成と文例」「8　一般条項」「(9)中途解約」の解説も参照ください。

(9)　その他

　業務委託契約においても，ひな形のように，秘密保持条項，反社会的勢力の排除条項などの一般条項が定められることが通常です。一般条項については，「第4章　契約書の構成と文例」「8　一般条項」の解説を参照ください。

　また，冒頭で述べたとおり，業務委託契約書の種類は多種多様であり，業務委託契約書の種類に応じた適切なレビューを行うことが必要です。上記では詳細な解説をしていない部分（たとえば，成果物がある場合の検収の定めなど）について，詳細なレビューが求められる場合もありますし，さらにいえば，請負型の業務委託契約においては，レビューのポイントが，大きく変わってきます（典型例として，担保責任の規定が重要になります）。適宜，「第2章　契約書レビューの作法」「3　ベースとなる契約書の準備」で述べたような方法で適切な解説を探す必要があるでしょう。

●演習問題●

　第6章では，業務委託契約書の作成・レビューのポイントを解説しました。一口に業務委託契約書といってもその種類は様々であり，本章でも，あらゆる種類の業務委託契約書に共通するポイントをすべて解説しきれているわけではありません。もっとも，業務委託契約自体は，実務上最もよく使用される契約類型の1つといっても過言ではなく，参考となる契約書は世の中に多く存在します。本書の記載を参考にしつつ，参考とすべき業務委託契約書を探してみるとよいでしょう。

① 「業務委託契約書」は，民法上の典型契約に分類できない契約，すなわち，非典型契約であることが多い。

② いわゆる「成功報酬」を定めた契約であれば，（準）委任契約ではなく，請負契約であると判断することができる。

③ 委託業務の内容が「コンサルティング」である業務委託契約であれば，請負契約ではなく，（準）委任契約であると判断することができる。

④ 偽装請負に当たるかの判断において重要なのは，契約書にどのような記載がされているかという形式的な部分ではなく，実際に行われている業務実態である。

⑤ 業務委託契約書において委託業務の内容を記載する場合，受託者としては，柔軟に対応できるよう，「その他●●に関連する業務」「その他●●に必要な一切の業務」のような包括的な記載を定めておくことが望ましい。

⑥ 業務委託契約書において委託業務の内容を記載する場合，契約当事者間の担当者レベルで共通の認識を共有しているからといって，契約書に詳細を記載する必要がないということにはならず，第三者から見ても委託業務の内容がわかるように記載しておくことが望ましい。

⑦　委任型の業務委託契約においては，契約において費用の負担を定めなかった場合，委任事務を処理するのに必要と認められる費用は，委託者の負担となる。

⑧　業務委託契約書において業務委託料の支払時期を定めるにあたっては，受託者の立場からは，支払時期ができるだけ早期になるように設定することが一般的に望ましい。

⑨　業務委託契約書において知的財産権の帰属を定める場合，公平の観点から，知的財産の利用形態にかかわらず，知的財産権を委託者と受託者の共有としておくことが望ましい。

⑩　委任型の業務委託契約においては，契約において再委託について定めなかった場合，受託者は，原則として受託した業務の再委託をすることはできない。

⑪　委任型の業務委託契約においては，契約において中途解約について定めなかった場合，委託者は，原則として当該業務委託契約を中途解約することはできない。

⑫　業務委託契約書の種類は多種多様であり，契約書レビューにおいては，業務委託契約書の種類に応じたレビューを行うことが必要である。

答え：①　×，②　×，③　×，④　○，⑤　×，⑥　○，⑦　○，⑧　○，⑨　×，⑩　○，⑪　×，⑫　○

第 **7** 章

取引基本契約書作成・
レビューのポイント

1　取引基本契約書とは

(1)　取引基本契約書締結を検討する場面

　取引基本契約書とは，同一の当事者間で，同種の取引が継続的に行われることが想定される場合に，個別の取引に共通して適用されるルールを定めることを目的として締結される契約書です。

　契約当事者としても，同一当事者間で行われる同種の取引である以上，個別の取引（「個別契約」と呼ばれます）において共通の規律を及ぼしたいと考える場合が多いでしょう。また，個別契約は，後述のように，「注文書」，「注文請書」のような簡易な書類および手続で取り交わされることが多く，取引基本契約書を利用することで，契約手続を簡略化することもできます。さらに，共通の規律を定めておくことで，個別契約において逐一契約交渉が発生するリスク・コストを低減することが期待できます。

　このように，**取引基本契約書は，同一の当事者間で，同種の取引が継続的に行われることが想定される場面で利用されます。**

　なお，取引基本契約の対象となる「取引」の種類は，特に限定されているわけではありませんが，実務上は，売買契約や請負契約についての取引基本契約書が多いと思います。また，単純な売買ではなく，請負の要素を含む契約（製作物供給契約。「第1章　契約の基本的事項」「1　契約とは？」「(6)　典型契約と非典型契約」参照）や業務委託契約（準委任契約）の取引基本契約書も比較的よくみかけます。もちろん，これ以外の取引類型に取引基本契約書を利用することも可能です。

(2)　個別契約

　個別契約の締結方法について，特に方法が限定されているわけではありませんが，実務上は，**「注文書」**と**「注文請書」**（**「発注書」**や**「発注請書」**あるいは単に**「請書」**と呼ばれることもあります）の交換（**売買の例でいえば，買主から売主に注文書を送付し，売主から買主に注文請書を送付すること**）によっ

て締結する場合が多いでしょう。

　これらの注文書，注文請書には，基本的な事項（目的物の品名，種類，数量，単価，納期，納入場所など）のみが記載され，詳細な契約条件は記載されないのが通常です。ただし，注文書や注文請書を，法令に基づき相手方に交付すべき書面を兼ねる書面（下請法3条1項，建設業法19条1項など）として使用する場合には，法定記載事項を漏れなく記載するなどの法定の要件を満たす必要があることには注意してください[1]。

　また，注文書，注文請書は，電子メールなどの簡易的な方法で交換される場合も多く，また，個別契約の締結権限は，代表取締役などではなく，部門や担当者レベル（「第3章　締結時の留意点」「2　署名欄に関する留意点」「(6)契約締結権限」で述べた「ある種類または特定の事項の委任を受けた使用人」など）に与えられていることが多いでしょう。

　このように，個別契約は，通常の契約に比べて簡易な書類および手続で取り交わされることが多く，これにより上記に述べた契約手続の簡略化につながります。

1　下請法3条に関しては公正取引委員会ウェブサイト（https://www.jftc.go.jp/shitauke/legislation/index_files/article3.pdf），建設業法19条に関しては建設省経建発132号（https://www.mlit.go.jp/common/000030899.pdf）参照。

【注文書の例】

No.＿＿＿＿＿＿＿

●年●月●日

注文書

●●株式会社　御中

●●株式会社

東京都港区●●●丁目●番●号

●●ビル●階

担当：●●●●

TEL：●●●●●●●●●●

　●年●月●日付取引基本契約書に基づき，以下の商品を注文いたします。

納入期日＿＿＿＿＿年＿＿＿月＿＿＿日

納入場所＿＿＿＿＿＿＿＿＿＿＿＿＿

商品の品名・種類	数量	単価	金額
小計（税抜）			
消費税及び地方消費税の額（10％）			
合計			

特記事項

(3) 印紙税

　取引基本契約書は，原則として，「継続的取引の基本となる契約書」(印紙税額一覧表の7号文書) に該当し，1通につき4,000円の印紙税がかかります[2]。ただし，その契約書に記載された契約期間が3カ月以内であり，かつ，更新の定めのないものは除かれます。

　次に，個別契約については，それが課税文書に当たるかどうかを契約類型ごと，さらには書面ごとに検討する必要があります。たとえば，対象となる取引が請負契約である場合，個別契約は，「請負に関する契約書」(印紙税額一覧表の2号文書) として，金額に応じた印紙税がかかる可能性があります。ただし，請負契約であっても，「注文書」は，単なる申込書であって契約書ではないことから，通常は課税文書には当たりません。これに対し，「注文請書」は，通常，「請負に関する契約書」として課税文書に当たります (印紙税法基本通達3条，4条参照)。

(4) 取引基本契約に適用される法律

　上記のとおり，取引基本契約書は，対象となる取引について様々なパターンが考えられます。したがって，適用される法律についても具体的な取引類型に応じて検討する必要がありますが，特に問題となりやすい法律は以下のとおりです。

・民法

　上記のとおり，取引基本契約の対象となる取引の種類は特に限定されているわけではありません。そのため，**対象となる取引の種類に応じて，適用される法律の条文も異なってきます。**対象となる取引が典型契約 (「第1章　契約の

　2　請負に関する取引基本契約書の場合，2号文書と7号文書のいずれにも該当し (課税物件表の適用に関する通則2，印紙税法基本通達9条，10条)，原則として，契約金額の記載があるものについては2号文書として，契約金額の記載がないものについては7号文書として扱われることになります (課税物件表の適用に関する通則3のイ，印紙税法基本通達11条)。

基本的事項」「1　契約とは？」「(6)　典型契約と非典型契約」参照）である場合，当該取引（個別契約）には，民法における当該典型契約の規定が適用されることになります。たとえば，取引基本契約の対象となる取引が売買契約である場合，当該基本契約が適用される個別の売買においては，民法上の売買の規定（同法555条〜585条）が適用されます[3]。

　また，「第1章　契約の基本的事項」「1　契約とは？」「(6)　典型契約と非典型契約」で述べたとおり，上記のほか，民法総則の規定（同法1条〜174条）や契約総則の規定（同法521条〜548条の4）が適用されます。

・商法

　取引基本契約は，継続的取引が予定されている場合であり，商人間，典型的には会社間で取引を行う場合に取り交わされる場合が多いと思います。そして，会社が締結する契約には，原則として商法が適用されます[4]。商行為総則（同法501条〜523条）の規定は，対象となる取引の種類にかかわらず，適用される可能性があります。

　また，商法には対象となる取引の種類によって適用される規定も存在します。以下では，売買を対象とする会社間の取引基本契約を扱いますが，当該取引には，商法上，商人間の売買に適用されることとされている条文（同法524条〜528条。特に，526条が重要です。526条については，「3　レビューのポイント」「(7)　検査および検収（ひな形6条)」で解説します）が適用されることになります。

3　なお，売買契約は，「当事者の一方がある財産権を相手方に移転することを約し，相手方がこれに対してその代金を支払うことを約することによって，その効力を生ずる」（民法555条）ものですので，売買契約に該当するのは個別契約であって，取引基本契約ではありません。もっとも，個別契約に，取引基本契約で定めた条件が適用される結果，取引基本契約にも，間接的に民法の規定が適用されることになります。

4　会社が行う行為は商行為と推定される（最判平成20年2月22日民集62巻2号576頁）ところ，当事者の一方のために商行為となる行為については，商法が当事者双方に適用されます（商法3条1項）。したがって，少なくとも契約当事者の一方が会社である場合には，原則として商法が適用されることになります。

2　ひな形

　本書では，取引基本契約のうち，実務上用いられることが多い類型の1つである**売買契約を対象とする契約書**のひな形を紹介します。また，ひな形は，会社間の取引を想定したものです（したがって，商人間の売買に適用されることとされている商法の条文が適用されます）。ひな形では，買主を甲，売主を乙としています。

取引基本契約書

　●●株式会社（以下「甲」という。）と●●株式会社（以下「乙」という。）とは，甲乙間で継続的に行われる●●（以下「本商品」という。）の売買に関し，次のとおり取引基本契約（以下「本契約」という。）を締結する。

第1条（目的）
　本契約は，甲乙間で継続的に行われる本商品の売買に共通して適用される基本的事項を定めることを目的とする。

第2条（適用範囲）
1．本契約は，甲乙間で締結される本商品の売買取引（以下「個別契約」という。）に共通して適用される。
2．個別契約において本契約と異なる定めをしたときは，個別契約の規定が優先する。

第3条（個別契約の成立）
1．甲及び乙は，個別契約において，本商品の品名，種類，数量，単価，納期，納入場所その他の取引条件を定めるものとする。
2．個別契約は，甲が前項に規定する内容を記載した注文書を乙に送付し，乙がこれに対する注文請書を甲に送付し甲がこれを受領することによって成立する。ただし，乙が注文書の受領後●営業日以内に，甲に対して諾否の回答を送付しないときは，当該注文書にかかる個別契約は成立したものとみなす。
3．注文書及び注文請書の送付は，電子メールを送信する方法による。

第4条（仕様・品質保証）
1．本商品の仕様は，別途甲乙間で定める仕様書による。
2．乙は，本商品が前項で定める仕様に適合し，かつ，甲の満足する品質を備えていることを保証する。
3．乙は，前項の目的を達成するため，品質保証体制を確立，整備しなければならない。

第5条（納入）
1．乙は，個別契約の定めに従い，本商品を納入しなければならない。

２．乙は，適切な梱包を施したうえで，本商品を納入しなければならない。

第6条（検査及び検収）

１．甲は，本商品の受領後遅滞なく，受領した本商品につき，外観検査及び数量検査を行い，合格したものを検収する。

２．甲は，本商品の受領後●営業日以内（以下「通知期間」という。）に，前項の検査結果を乙に通知する。甲が，通知期間中に当該通知を行わなかったときは，当該本商品は，通知期間満了日に検査に合格したものとみなす。

３．第１項の検査により，本商品に種類，品質又は数量に関して本契約又は個別契約の内容に適合しないもの（以下「契約不適合」という。）が発見された場合，甲は，乙に対して具体的な契約不適合の内容を示して前項の通知をする。

４．前項の場合，乙は，甲の選択に従い，本商品の修補，代替品若しくは不足分の納入，又は代金の減額をしなければならない。なお，本項の規定は，甲による損害賠償の請求及び解除権の行使を妨げるものではない。

第7条（所有権の移転）

本商品の所有権は，検収の時点をもって，乙から甲に移転する。

第8条（危険負担）

検収前に生じた本商品の滅失，損傷，変質その他の損害は，甲の責めに帰すべきものを除き乙が負担し，検収後に生じた製品の滅失，損傷，変質その他の損害は，乙の責めに帰すべきものを除き甲が負担する。

第9条（代金）

１．本商品の代金は，個別契約で定める。

２．本商品の代金には，輸送費，梱包費その他の納入が完了するまでに発生する一切の費用が含まれる。

３．甲は，乙に対し，毎月末日を締切日として，締切日までに検収した本商品の代金を，締切日の翌月●日までに，下記の銀行口座に振り込む方法によって支払う。振込手数料は，甲の負担とする。

記

　　　銀行名：●●銀行　●●支店
　　　口座番号：●●●●●●●（普通預金口座）
　　　名義人：●●●●株式会社（●●●●（カ）

第10条（遅延損害金）

　甲が前条に定める代金の支払いを遅滞した場合，甲は，乙に対し，支払期日の翌日から支払い済みに至るまで年14.6％の割合による遅延損害金を支払う。

第11条（相殺）

　甲及び乙は，相手方に対して金銭債権を有する場合，当該債権の弁済期が到来しているかにかかわらず，いつでも相手方に書面で通知することによって，当該債権と相手方に対して負う金銭債務とを対当額にて相殺することができる。

第12条（契約不適合責任）

１．本商品に第6条第1項に定める検査では発見できない契約不適合がある場合，甲が本商品の納入日から1年以内に乙に対してその旨の通知を発したときは，乙は，甲の選択に従い，本商品の修補，代替品若しくは不足分の納入，又は代金の減額をしなければならない。なお，本項の規定は，甲による損害賠償の請求及び解除権の行使を妨げるものではない。

２．前項に定める通知をしなかったときは，甲は，その契約不適合を理由とする履行の追完の請求，代金の減額の請求，損害賠償の請求及び契約の解除をすることができない。ただし，乙が，検収の時までに，当該契約不適合を知り，又は重大な過失により知らなかった場合には，この限りでない。この場合における甲の請求その他の権利行使については，期間制限について定める部分を除き，前項の規定を準用する。

第13条（製造物責任）

１．本商品の欠陥により，第三者の生命，身体又は財産に損害が生じた場合，甲及び乙は，速やかに相手方にその旨を通知し，甲乙協議のうえ，協力してその対応にあたらなければならない。

２．乙は，本商品の欠陥により，第三者の生命，身体又は財産に損害が生じた場合に

は，故意，過失の有無を問わず，当該第三者及び甲に生じた一切の損害（弁護士費用を含む。）を賠償する。

第14条（第三者の権利侵害）
１．乙は，本商品が，第三者の特許権，実用新案権，意匠権，商標権，著作権，ノウハウその他これらに類似する権利（出願中のものを含み，登録されているか否かを問わない。以下「第三者の知的財産権」という。）を侵害しないことを保証する。
２．甲及び乙は，本商品が第三者の知的財産権を侵害するものとして，第三者との間で紛争（第三者からの請求，訴訟提起その他の法的手続の申立てを含むが，これらに限らない。）が生じた場合，直ちにその旨を相手方に対して通知し，甲乙協議のうえ，協力してその対応にあたらなければならない。
３．第１項の保証に違反した場合，乙は，当該違反によって甲に生じた一切の損害（弁護士費用を含む。）を補償する。

第15条（知的財産権の帰属）
　本商品に関する特許権及び特許を受ける権利，実用新案権及び実用新案登録を受ける権利，意匠権及び意匠登録を受ける権利，商標権，回路配置利用権及び回路配置利用権の設定の登録を受ける権利，著作権（著作権法第27条及び第28条に定める権利を含む。）その他の知的財産権（ノウハウ等に関する権利を含む。）は，すべて乙に帰属する。

第16条（再委託）
１．乙は，甲の書面による事前の承諾がある場合を除き，本商品の製造を第三者に委託することはできない。
２．前項の承諾を得て本商品の製造の全部又は一部を第三者に委託する場合，乙は，当該委託先との間で，本商品を製造させることについて，本契約及び個別契約に基づいて乙が甲に対して負担するのと同等以上の義務を，委託先に負わせる契約を締結しなければならない。また，乙は，本商品の製造に関する委託先の一切の行為について，自ら為した場合と同様の責任を甲に対して負う。

第17条（不可抗力）
１．甲及び乙は，地震，津波，台風，暴風雨，洪水その他の天災地変，戦争，暴動，内乱，テロ，火災，疫病，重大な感染症の流行，法令の制定・改廃，公権力による命令・処分その他の政府による行為，ストライキその他の争議行為，その他の不可

抗力による本契約及び個別契約の全部又は一部の履行不能又は履行遅滞について，相手方に対してその責任を負わない。

2．甲及び乙は，前項の事由が生じた場合，速やかに相手方にその旨を通知したうえ，対応につき協議する。

3．本条の規定は，金銭債務の債務不履行には適用しない。

第18条（秘密保持）

1．甲及び乙は，本契約及び個別契約の遂行の過程で相手方から開示を受けた技術上又は営業上その他の一切の情報（以下「秘密情報」という。）を，事前に相手方の書面による承諾を得ることなく，第三者に開示又は漏洩してはならず，本契約又は個別契約の遂行以外の目的に使用してはならない。ただし，次の各号のいずれか一つに該当する情報についてはこの限りではない。

一　開示を受けたときに既に自ら保有していたもの

二　開示を受けたときに既に公知であったもの

三　開示を受けた後，自己の責によらず公知となったもの

四　正当な権限を有する第三者から秘密保持義務を負うことなく適法に入手したもの

五　相手方から開示を受けた情報によらず独自に開発したもの

2．前項にかかわらず，甲及び乙は秘密情報のうち法令の定めに基づき開示すべき情報を，当該法令の定めに基づく開示先に対し，必要最小限の範囲に限って開示することができる。

第19条（反社会的勢力の排除）

1．甲及び乙は，相手方に対し，次の各号の事項を確約する。

一　自ら又は自らの役員（取締役，監査役，執行役，執行役員その他名称にかかわらず，経営に実質的に関与している者をいう。以下同じ。）が，暴力団，暴力団員，暴力団員でなくなった時から5年を経過しない者，暴力団準構成員，暴力団関係企業，総会屋，社会運動等標ぼうゴロ，特殊知能暴力集団その他これらに準ずる者（以下総称して「反社会的勢力」という。）に該当せず，かつ将来にわたっても反社会的勢力に該当しないこと

二　自ら又は自らの役員が反社会的勢力と社会的に非難されるべき関係を有しておらず，かつ将来にわたってもこのような関係を有しないこと

三　反社会的勢力に自己の名義を利用させ，本契約及び個別契約の締結並びに履行をするものではないこと

2．甲及び乙は，相手方に対し，自ら又は第三者を利用して，本契約及び個別契約に
　関して次の各号の行為をしないことを確約する。
　　一　暴力的な要求行為
　　二　法的な責任を超えた不当な要求行為
　　三　脅迫的な言動をし，又は暴力を用いる行為
　　四　風説を流布し，偽計を用い又は威力を用いて相手方の信用を毀損し，又は相手
　　　　方の業務を妨害する行為
　　五　その他前各号に準ずる行為
3．甲及び乙は，前二項のいずれかに違反する事項が判明した場合には，直ちに相手
　方に対して書面で通知しなければならない。
4．甲及び乙は，相手方が前三項の規定のいずれかに違反した場合，何らの催告を要
　することなく本契約を解除することができる。この場合において，解除された者は，
　その相手方に対し，相手方に生じた損害を賠償しなければならず，また，解除によ
　り自身に生じた損害について一切の請求を行うことができない。

第20条（権利義務の譲渡禁止）
　　甲及び乙は，互いに相手方の書面による事前の承諾がない限り，本契約若しくは個
　別契約上の地位を第三者に承継させ，又は本契約及び個別契約から生じる権利義務の
　全部若しくは一部を第三者に譲渡し，引き受けさせ，若しくは担保に供してはならな
　い。

第21条（解除）
1．甲及び乙は，相手方が本契約又は個別契約のいずれかの条項に違反し，相当期間
　を定めて是正を求める催告をしたにもかかわらずその期間内にこれを是正しない場
　合は，本契約及び個別契約の全部又は一部を解除することができる。
2．甲及び乙は，相手方に次の各号のいずれかに該当する事由が生じた場合には，何
　らの催告を要することなく，直ちに本契約及び個別契約の全部又は一部を解除する
　ことができる。
　　一　監督官庁より営業の許可の取消し，又は停止等の処分を受けたとき
　　二　支払停止若しくは支払不能の状態に陥ったとき，又は自ら振り出し，若しくは
　　　　裏書した手形若しくは小切手の不渡り処分を受けたとき
　　三　第三者より仮差押え，仮処分又は差押え等の強制執行を受けたとき
　　四　破産，会社法上の特別清算，民事再生，又は会社更生の手続開始の申立てが
　　　　あったとき

　五　公租公課の滞納処分を受けたとき

　六　解散，合併，会社分割又は事業の全部若しくは重要な一部の譲渡の決議をした
　　とき

　七　財産状態が悪化し，又はそのおそれがあると認めることができる相当の事由が
　　あるとき

　八　その他前各号に準ずる事由があるとき

3．甲及び乙は，相手方から第1項に定める催告を受けたにもかかわらず相当期間内
　に違反を是正しない場合又は前項各号のいずれかに該当する場合，相手方に対して
　負担する一切の債務につき，相手方から通知又は催告がなくとも当然に期限の利益
　を喪失し，直ちに相手方に弁済しなければならない。

第22条（中途解約）

　甲及び乙は，本契約の有効期間中であっても，3ヶ月前までに書面で相手方に通知
することにより，本契約を解約することができる。

第23条（損害賠償）

　甲及び乙は，本契約又は個別契約の条項に違反した場合，相手方に生じた損害を賠
償する責任を負う。

第24条（存続条項）

1．本契約の終了後も，第12条（契約不適合責任），第13条（製造物責任），第14条
　（第三者の権利侵害），第15条（知的財産権の帰属），第18条（秘密保持），第20条
　（権利義務の譲渡禁止），第23条（損害賠償），本条及び第26条（専属的合意管轄）
　の各規定は有効に存続する。ただし，第18条（秘密保持）については，本契約の終
　了後3年間に限る。

2．本契約の終了時点で，個別契約が存在する場合，当該個別契約については本契約
　の規定が引き続き適用される。

第25条（契約期間）

　本契約の有効期間は●●●●年●月●日から●●●●年●月●日までとする。ただ
し，期間満了の1ヶ月前までにいずれかの当事者からも書面による更新拒絶の申し出
がない場合，本契約は，更に1年間自動的に更新され，以後も同様とする。

第26条（専属的合意管轄）

　本契約又は個別契約に関する一切の紛争については，東京地方裁判所を第一審の専属的合意管轄裁判所とする。

第27条（協議事項）

　本契約又は個別契約に定めのない事項又は疑義が生じた事項については，甲及び乙は誠意をもって協議し，円満な解決を図るものとする。

　本契約締結の証として，本契約書を2通作成し，甲乙それぞれ記名押印の上，各1通を保有する。

　　　　　●●●●年●月●日

　　　　　　　　　　　甲　　東京都●●区●●●丁目●番地●
　　　　　　　　　　　　　　●●株式会社
　　　　　　　　　　　　　　代表取締役　　●●●●　　　印

　　　　　　　　　　　乙　　東京都●●区●●●丁目●番地●
　　　　　　　　　　　　　　●●株式会社
　　　　　　　　　　　　　　代表取締役　　●●●●　　　印

3 レビューのポイント

　ここでは，上記ひな形（会社間で行われる売買を対象とする取引基本契約書）を例にしたレビューのポイントを中心に解説します。

　なお，取引基本契約書の各条項は，大きく分けて，①**契約の成立，効力，終了に関する基本的事項**（目的，適用範囲，個別契約との優先関係，個別契約の成立，解除など），②**目的物に関する事項**（仕様・品質保証，納入・納品，検査・検収，所有権の移転，危険負担，知的財産権の帰属，再委託など），③**代金の支払に関する事項**（代金額，支払条件，遅延損害金，相殺など），④**トラブル発生時の対応・責任の所在に関する事項**（契約不適合責任，製造物責任，第三者の権利侵害など），⑤**その他の事項**（一般条項など）に分類することができると思います。レビューに際しても，この分類を意識することで，頭の整理がしやすくなるでしょう。

(1)　目的（ひな形1条）

　目的条項の解説については，「第4章　契約書の構成と文例」「5　目的」で述べたとおりです。

　ひな形では簡潔に記載していますが，**特に買主の立場である場合には，より詳細な目的を記載することも検討するとよいでしょう。**たとえば，契約の目的として，買主側で想定している目的物（商品）の使用態様や用途を契約書に明示しておくことで，後に目的物がその使用態様や用途に耐えうるものでないことが判明したときに，買主から売主に対する契約不適合責任の追及がしやすくなることが考えられます。

(2)　適用範囲（ひな形2条1項）

　取引基本契約書が適用されることとなる具体的な取引（個別契約）の範囲を定めます。

　特に，同一当事者間において複数の種類の取引が存在する場合，または，現時点において複数の種類の取引は存在していなくとも将来においてその可能性

がある場合には，当事者間で行われる取引のうち，どの取引が今回の取引基本契約書の適用対象かを特定しておかないと，当事者において混乱を生じさせ，また，法律関係が不安定となるおそれがあります。複数の部門がそれぞれ別個に取引を行う可能性があるような企業においては，意図しないままに他の部門が行う取引まで今回の取引基本契約書の適用範囲に含めてしまうことにならないか，特に注意が必要となります。

　取引基本契約書の適用範囲を特定する方法としては，ひな形のように，取引の対象となる目的物の物品名や種類を記載する方法によって特定することが多いと思います。ただし，特定の方法はこれに限られるわけではなく，たとえば，会社における特定の「部門」を記載することで当該部門が行う取引に適用範囲を限定するという方法も考えられます。

(3)　個別契約との優先関係（ひな形2条2項）

　取引基本契約書を用いる場合，別途，個別契約を取り交わすことが予定されていることから，取引基本契約書と個別契約の内容が矛盾・抵触してしまう可能性が考えられます。そのため，取引基本契約書においては，取引基本契約と個別契約の優先関係，言い換えれば，取引基本契約と個別契約に矛盾・抵触が生じた場合に取引基本契約と個別契約のどちらが優先するのかを定めておく必要があります。

　優先関係の定め方としては，両者が矛盾・抵触する場合には，①常に個別契約が優先する，②常に取引基本契約が優先する，③特定の事項については個別契約が優先する，といった選択肢が考えられます。

　ひな形では，①常に個別契約が優先する形としています。このように，①常に個別契約が優先する形にすることは，個別具体的な取引に応じた柔軟な対応が可能である点にメリットがあります。一方で，前述のとおり，個別契約は，部門や担当者レベルによる注文書や注文請書の交換によって成立することとされている場合も多く，社内において本来必要な決裁を経ないまま，また，十分な法務チェックを経ないまま，個別契約によって，取引基本契約書で定めた契約条件が変更されてしまうリスクを高めてしまうというデメリットも考えられます。

　これに対し，②常に取引基本契約を優先する形とすれば，上記①で述べたリスクを回避することができます。一方で，取引基本契約が，将来行われる個別の取引に適用されることを意図して締結されるものであることを考えると，②の形は，取引基本契約締結後の個別事情に柔軟に対応することが難しくなるというデメリットが考えられるところです。

　そこで，③特定の事項については個別契約が優先するという方法も考えられます。③の形にしたい場合には，個別契約との優先関係を定める条項（ひな形でいう2条2項）を，以下の条項例のような規定とするとよいでしょう。そのうえで，個別契約の規定を優先させたいと考える事項については，取引基本契約書における当該事項を定める条項において，「本条の規定は，個別契約で別途合意した場合には個別契約の規定が優先する」などといった規定を置き，個別契約の規定に従うことを明示します。

【特定の事項についてのみ個別契約が優先する形にしたい場合の条項例】

> 2．本契約において個別契約の規定に従うことが明示的に規定されている場合を除き，個別契約において本契約と異なる定めをした場合においても，本契約の規定が個別契約に優先して適用される。

　優先関係をどのように定めるかについては，「第2章　契約書レビューの作法」「4　契約書レビューの目的」「⑹　実効性を確保する」で述べた，事業部門における運用の実態も踏まえて判断していく必要があります。

⑷　個別契約の成立（ひな形3条）

　個別契約をどのような内容とし，どのような方法で成立させるかを定めます。これらの事項についても，やはり事業部門における運用の実態を踏まえて判断していく必要があるでしょう。

・個別契約で定める事項（ひな形3条1項）

　個別契約で定めるべき条件に漏れがないように，**具体的にどのような条件を**

定めるかを取引基本契約書上に明記しておくべきでしょう。

　ひな形3条1項では，個別契約で定める事項として，「本商品の品名，種類，数量，単価，納期，納入場所その他の取引条件」を列挙しています。ひな形で列挙した事項のほか，「仕様」や「支払条件」（より具体的には，「支払期限」，「支払方法」など），「検査方法」などを個別契約で定める事項として列挙している例もあります。ひな形では，「仕様」，「支払条件」，「検査方法」については，取引基本契約書に定めを置いている（「仕様」については4条，「支払条件」については9条，「検査方法」については6条）ことから，これらについては，個別契約で定める事項から除外しています。もっとも，「(3)　個別契約との優先関係（ひな形2条2項)」において個別契約の規定を取引基本契約に優先させる場合には，個別契約で定めるべき事項として，取引基本契約で定めている事項を重複して列挙することもありえます。この場合，その事項については，個別契約で定めを設けなければ取引基本契約で定めた条件が適用され，個別契約で定めを設けた場合には個別契約で定めた条件が適用されることになります。

　また，個別契約で定める事項に柔軟性を持たせるため，ひな形のように，「品名，種類，数量，単価，納期，納入場所」のような具体的事項のほか，「その他の取引条件」などという包括的な定めを置いておくとよいでしょう。

　なお，注文書や注文請書を，法令に基づき相手方に交付すべき書面を兼ねる書面（下請法3条1項，建設業法19条1項など）として使用する場合には，法定記載事項を漏れなく記載するなどの法定の要件を満たす必要があることは，「1　取引基本契約書とは」「(2)　個別契約」で述べたとおりです。

● 個別契約を成立させる方法（ひな形3条2項）

　前述のように，個別契約を成立させる方法については，特に方法が限定されているわけではありません。

　実務上は，注文書と注文請書の交換によって締結する場合が多いですが，別途個別契約書を取り交わす方法によって個別契約を成立させる場合もあります。個別契約書を取り交わす方法による場合，ひな形3条2項の代わりに，以下のような定めとすることが考えられます。

【個別契約書を取り交わす方法によって個別契約を成立させる場合の条項例】

> 2．個別契約は，前項に規定する内容を記載した書面に甲乙双方が記名押印する
>   ことによって成立する。

● 注文書，注文請書を用いる場合（ひな形3条2項・3項）

　個別契約を成立させる方法として注文書と注文請書の交換の方法による場合，取引基本契約書のレビューにおいて，**①個別契約の成立時期，②諾否の回答をしない場合の処理，③注文書，注文請書の交付方法**，を意識するとよいでしょう。

　①個別契約の成立時期については，民法上の原則からすれば，承諾通知，すなわち，売主の注文請書が買主に到達した時に契約が成立することになります（同法97条1項）[5]。ひな形3条2項本文も「甲がこれを受領することによって」とし，買主である甲が注文請書を受領した時に契約が成立することを明記しています。もっとも，契約の成立時期に関する民法の規定は任意規定であるため，個別契約の成立時期を早めるために，取引基本契約書において，注文請書の発信時に契約が成立する定めとすることも可能です。どのような定めとする場合にも，後のトラブルを防ぐためには，**契約の成立時期が明確になるように記載するとよいでしょう。**

　②買主からの注文に対して，売主が注文の諾否を回答しない場合の処理については，民法・商法に規定があります（民法525条3項，商法509条）。取引基本契約は継続的取引を行うことを想定したものであることから，ひな形のような会社間での取引の場合，「商人が平常取引をする者からその営業の部類に属する契約の申込みを受けたとき」に当たり，商法509条が適用される場合が多いと考えられます。商法が適用される場合，売主には「遅滞なく」諾否の通知を行う義務が生じ（同法509条1項），売主が「遅滞なく」諾否の通知をしないと

5　民法改正前は，隔地者間の契約の場合，承諾通知を発信した時に契約が成立するという規定が設けられていました（発信主義。改正前民法526条1項）が，現行民法下においては，同規定は削除され，原則どおり到達主義（民法97条1項）が適用されることになりました。

きは，「申込みを承諾した」ものとみなされます（同法509条2項）。もっとも，商法の規定に委ねた場合，「遅滞なく」が具体的にどれくらいを指すのか当事者間で争いになる可能性があり，また，契約の成立時期を定める規定（ひな形3条2項本文のような規定）が商法509条の規定を排除する趣旨であると解釈されてしまう可能性も否定できません。したがって，ひな形3条2項ただし書のように，**取引基本契約書において，諾否の回答をしない場合にどのような効果が生じるか，また，一定期間経過後に契約成立の効果を認めるのであればその具体的な日数を明記しておくべきでしょう**。諾否の回答をしない場合の効果については，ひな形3条2項のように，「個別契約は成立したものとみなす」という形とする場合が多いと思いますが，反対に，「乙が注文書の受領後●営業日以内に，甲に対して諾否の回答を送付しないときは，当該注文書にかかる注文は拒絶されたものとみなす」というような定めとすることも考えられます。契約上の立場や事業部門のニーズに応じて，どのような定めとするかを検討しましょう。

　③注文書，注文請書の送付方法について，ひな形3条3項のように具体的な方法を定めておくことが考えられます。どのような送付方法が望ましいかについては，事業部門のニーズを確認したうえで検討する必要があるでしょう。なお，注文書や注文請書を法令に基づき相手方に交付すべき書面を兼ねる書面（下請法3条1項，建設業法19条1項など）として使用する場合には，その方法が，法令の要件（下請法3条2項，下請法施行令2条1項，下請代金支払遅延等防止法第3条の書面の記載事項等に関する規則3条や建設業法19条3項，建設業法施行令5条の5，建設業法施行規則13条の4～6など）を満たしているかについても確認する必要があります。

(5)　仕様・品質保証（ひな形4条）

　目的物の仕様や品質，品質保証体制などを定める条項です。

　民法では，目的物を種類のみで指定した場合には，「中等の品質を有する物」を給付することとなっています。また，薬機法[6]のように，業法によって，品質保証体制の確立，整備が定められている場合もあります。

　しかしながら，買主の立場からすれば，法律の規定に委ねるのではなく，契

約の目的を達成できるだけの仕様・品質のものをできるだけ確実に購入したいと思うのが通常でしょう。すなわち，買主としては，何らかの目的（用途，使用態様）をもって目的物を購入するはずであり，目的物がその目的に適合しない場合には，契約の目的を達成できないおそれがあります。たとえば，メーカーである買主が自ら製造する精密機械に使用する部品を購入する場合には，その部品は当該精密機械に適合するものであり，かつ，その機械への使用に耐えうるだけの品質を有している必要があります。また，目的物の品質をどのように定めるかは，後述する契約不適合（種類，品質または数量に関して契約の内容に適合しないもの）責任を追及できるかにも影響します。そのため，特に，買主の立場である場合には，契約において，本条項をできるだけ具体的かつ詳細に定めるようにレビューすることが求められます。

　反面，売主の立場である場合には，ひな形4条2項のような保証を定める場合，品質に関して後日争いが生じた際に広範な保証責任を負担させられることがないよう，「甲の満足する品質」といった抽象的な契約文言はできるだけ避け，具体的かつ客観的な契約文言とできないかを検討するべきでしょう。また，ひな形4条2項のような保証を行う場合，保証違反の効果を明確にしておくことも重要です。

　本条項を，どの程度まで具体的かつ詳細に定めるかは，契約の目的や目的物の内容，性質によって異なります。たとえば，精密機器メーカーが部品メーカーから部品を購入する場合と小売店が商社から物品を購入する場合とでは，仕様・品質の重要性は当然異なってくるでしょう。契約書レビューにおいては，契約の目的に合わせて，また，事業部門のニーズに応じて，本条項をどのように定めるかを判断していくことになります。

　より厳格な定めを設ける場合には，以下のように，資料等の作成・保管・提示義務や，買主による立入調査，仕様変更などをする場合に買主の承諾を得る（または，買主へ通知する）義務などを定める場合もあります。

　6　医薬品，医療機器等の品質，有効性及び安全性の確保等に関する法律。本書では「薬機法」といいます。

【仕様・品質保証について厳格な定めを設ける場合の条項例】

> 4．乙は，次の各号に定める資料を作成及び保管するものとし，甲の要求があった場合には，直ちにこれらの資料を甲に提示しなければならない。
> 　　　一　製造工程表
> 　　　二　本商品の出荷検査基準書
> 　　　三　本商品の出荷検査結果
> 　　　四　本商品の原材料一覧表
> 　　　五　前各号のほか，甲乙間で別途合意したもの
> 5．甲は，乙の品質管理状況を調査するため，乙に事前連絡のうえ，乙の事業所その他の作業場所への立入調査を実施することができる。品質管理状況に関して甲の指摘があった場合，乙は速やかに必要な改善を行い，甲にその結果を報告する。
> 6．乙は，本商品につき，仕様の変更又は品質に影響を及ぼす製造方法若しくは製造工程の変更を行う場合，事前に甲の承諾を得なければならない。

　また，「⑷　個別契約の成立（ひな形3条）」で述べたとおり，仕様については，取引基本契約書ではなく，個別契約で定める形にしている場合もあります。特に，1つの取引基本契約書によって複数の種類の目的物を取り扱うことが想定される場合においては，取引基本契約書ではなく，個別契約（または別途当事者間で取り決める仕様書）において仕様を定めることに合理性があるといえるでしょう。

⑹　納入・納品（ひな形5条）

・納入・納品において定めるべき基本的事項

　納入（納品）については，①納期，②納入場所，③納入費用の定めを置くことが一般的です。これらの事項については，個別契約で定める形とする場合も多く，ひな形5条はその形にしています（ただし，③納入費用については，ひな形9条2項に定めを置いています）。

　①納期について，上記のとおり個別契約で定める場合が多いですが，取引基本契約書において，「個別契約の成立後●日以内に」や「個別契約成立の翌月●日までに」などという形で定めることも可能です。また，買主側での保管コ

ストを節約する目的で，「納入期日前に本商品を納入する場合，乙は，事前に甲の承諾を得なければならない」といった規定を置くことも考えられます[7]。

　②納入場所についても，個別契約で定める場合が多いですが，取引基本契約書で原則的な納入場所を定めたうえで，当該納入場所とは異なるところに納入する必要が生じた場合に，個別契約において変更する形[8]も考えられます。なお，契約で定めない場合には，民商法（民法484条1項。商行為によって生じた債務の場合は，商法516条）が適用されることになりますが，当事者間での認識を明確にしておく意味でも，契約書において具体的な納入場所を明記しておくべきでしょう。

　③納入費用（輸送費など）については，個別契約で定める場合もありますが，取引基本契約書で定める場合も多いでしょう。いずれの契約で定めても構いませんが，納入場所の記載同様，契約において具体的に定めておくべきでしょう（契約で定めない場合には，民法485条が適用されます）。なお，ひな形では，5条の「納入」の規定ではなく，「代金」について定める9条2項において，「本商品の代金には，輸送費，梱包費その他の納入が完了するまでに発生する一切の費用が含まれる」という形で規定しています。

　上記のほか，荷卸作業に高額の費用がかかる場合や破損リスクがある場合などにおいては，荷卸作業を売主と買主のいずれの責任において行うのかを契約において定めておくことも検討しておくべきでしょう。

・納期遅れが生じた場合の効果

　納期遅れが発生した場合，売主は所定の納期が到来した時から遅滞の責任を負うため（民法412条1項），買主としては，売主に対して，債務不履行に基づく解除（民法541条など）や損害賠償請求（民法415条）を行う余地はあるでしょう。

7　この場合，個別契約などにおいて，納期を，（「●●年●月●日まで」というような期限ではなく，）「●●年●月●日」というように具体的な期日で定めることが必要です。
8　この場合には，「(3) 個別契約との優先関係（ひな形2条2項）」で述べた，①常に個別契約が優先する，または，③特定の事項については個別契約が優先するのいずれかを選択することになるでしょう。

　しかしながら，所定の納期に遅れたからといって必ずしもただちに債務不履行に基づく解除の要件（民法541条の催告など）を充足するとは限りませんし，また，損害賠償請求における損害額の範囲について当事者間で争いとなる可能性も考えられるところです。そこで，買主の立場としては，以下の条項例のように，納期遅れが生じた場合の効果として，即時解除または受領拒絶ができるようにしておき，さらに，代替品の調達費用などの損害を確実に賠償請求できるようにしておくことが考えられます。

　また，買主としては，納期遅れが生じるのであれば，早期に他社から代替品を調達するなどの対応策を講じておきたいという場合もあるでしょう。そこで，買主として速やかな対応ができるよう，以下の条項例のように，納期遅れが予想される場合の売主の通知義務を定めておくことも考えられます。

【納期遅れが予想される場合の通知義務，納期遅れの場合の効果を定める場合の条項例】

> 3．乙は，納期までに本商品を納入することができないおそれがあるときは，直ちに甲に対してその旨を通知しなければならない。
> 4．甲は，納期までに本商品の納入がされなかった場合，何らの催告をすることなく，直ちに当該本商品にかかる個別契約を解除することができる。本項による解除は，次項に定める損害賠償の請求を妨げない。
> 5．納期までに本商品の納入がされなかったことにより甲が損害を被った場合，乙は，甲が被った損害（代替品の調達に要した費用を含む。）を甲に賠償しなければならない。

・受領拒絶の効果

　続いて，売主が契約条件に従って，目的物を納入しようとしたにもかかわらず，買主の側が受領拒絶（受領不能，受領遅滞を含みます）をした場合の処理について解説します。

　受領拒絶があった場合については，民商法上の規定（民法413条1項・2項，413条の2第2項，485条ただし書，492条，494条，567条2項，商法524条など）でも一定の範囲で売主保護が図られています。しかしながら，民商法上の規定に

委ねた場合，受領拒絶があった場合に，売主の側からの損害賠償請求や契約の解除が認められるかどうかについては解釈に委ねられている[9]など，売主保護として十分とはいいがたい面があります。

　そこで，売主の立場である場合，取引基本契約書において，以下の条項例のように，買主が受領拒絶した場合に，損害賠償請求や契約の解除ができるような条項を定めておくことが考えられます。

【受領拒絶の効果を定める場合の条項例】

> 　3．乙が個別契約に定める条件で本商品を納入しようとしたにもかかわらず，甲がこれを受領しない，又は受領できない場合，乙が甲に対して●日以上の期間を定めて受領を催告してもなお甲が本商品を受領しないときは，乙は，当該本商品にかかる個別契約を解除することができる。本項による解除は，次項に定める損害賠償の請求を妨げない。
> 　4．前項に定める受領拒絶又は受領不能により乙が損害を被った場合，甲は，乙が被った損害を乙に賠償しなければならない。

(7)　検査および検収（ひな形6条）

　検査，検収に関する事項を定める条項です。本条項を理解するためには，契約不適合責任および商法526条を知っておく必要があります。

・契約不適合責任とは

　契約不適合責任とは，「引き渡された目的物が種類，品質又は数量に関して契約の内容に適合しないものであるとき」（民法562条1項。以下「契約不適合」といいます）に売主が買主に対して負う責任をいいます。たとえば，商品が不良品であった場合に売主が買主に対して負う責任がこれに当たります。

　9　一問一答・73頁（注1）。なお，民法改正前の判例ですが，判例（最判昭和40年12月3日民集19巻9号2090頁）は，受領遅滞に基づく損害賠償請求および契約の解除はできないと解しています。

・契約不適合がある場合に買主が法律上採りうる手段

契約不適合がある場合に買主が採りうる手段として，法律（民法）上，(i)**履行の追完請求**，(ii)**代金減額請求**，(iii)**解除**，(iv)**損害賠償請求**の4つが定められています。

(i)**履行の追完請求**につき，民法は，具体的な追完方法として，目的物の修補，代替物の引渡し，不足分の引渡しの方法を定めています（同法562条1項）。どの方法によるかは，第一次的には，買主に選択権が与えられています（同条1項本文）が，買主に不相当な負担を課するものでないときは，売主は，買主が請求した方法と異なる方法で追完することが可能です（同条1項ただし書）。なお，契約不適合が買主の帰責事由による場合には，買主は，履行の追完請求はできないこととされています（同条2項）。

(ii)**代金減額請求**は，履行の追完を催告し，催告期間内に履行の追完がない場合にその不適合の程度に応じてすることができるとされています（民法563条1項）。ただし，追完が不可能である場合など，一定の場合（同法563条2項各号に該当する場合）には，催告は不要です。契約不適合が買主の帰責事由によるものである場合に請求ができない点は，追完請求の場合と同様です（同法563条3項）。

上記の手段は，(iii)**解除**（民法541条，542条），(iv)**損害賠償請求**（同法415条）を妨げるものではありません（同法564条）。したがって，買主は，債務不履行があった場合の一般的な規律に基づき，各要件を満たす場合には，解除や損害賠償請求を行うことも可能です。

・契約不適合責任追及の期間制限（民法上のルール）

民法上，種類または品質に関する契約不適合を理由とする場合，**買主が契約不適合を知った時から1年以内にその旨を売主に通知**[10]**しないときは，買主は，**「履行の追完の請求，代金の減額の請求，損害賠償の請求及び契約の解除」（以下「契約不適合責任の追及」といいます）をすることができなくなります（同

10　通知は，損害額の算定の根拠まで示す必要はないものの，不適合の内容を把握することが可能な程度に，不適合の種類・範囲を伝えることが必要と考えられます（一問一答・285頁参照）。

法566条本文)。ただし，売主が契約不適合につき知っていた，または，重大な過失により知らなかった場合には，上記1年の期間制限にはかかりません（同法566条ただし書）。

　また，数量不足に関する契約不適合を理由とする場合については，期間制限が設けられていません（民法566条本文。ただし，同法166条1項の適用があることから，消滅時効にかかる可能性はあります）[11]。

● 契約不適合責任追及の期間制限（商法526条）

　「1　取引基本契約書とは」「(4)　適用される法律」で述べたとおり，商人間の売買においては，**商法526条が適用されます**。商法526条は，契約不適合責任追及の期間制限につき，上述した民法上のルールよりも買主にとって厳しいルールを定めています。

　すなわち，**買主は，目的物の受領後「遅滞なく」検査をしなければならず**（商法526条1項），検査により種類，品質または数量に関して契約不適合を発見したときは，「**直ちに**」売主に通知を発しなければ，当該契約不適合を理由とする契約不適合責任の追及をすることができなくなります（同条2項前段）。

　また，種類または品質[12]に関する契約不適合については，「契約不適合を直ちに発見することができない場合」において，買主が目的物の受領後6か月以内に契約不適合を発見したときは，「**直ちに**」売主に通知を発しなければ，当該契約不適合を理由とする契約不適合責任の追及をすることができなくなります（同条2項後段）。なお，発見が6か月以内であれば，通知は6か月以内に発信されなくてもよいとされています[13]。さらに，判例[14]によれば，買主が目的物の受領後6か月以内に契約不適合を発見できなければ，買主は売主に対して当該契約不適合を理由とする契約不適合責任の追及をすることができなくなり

11　一問一答・284〜286頁
12　数量不足に関しては規定がありませんが，期間制限にかからないという説（青竹正一『商法総則・商行為法〔第3版〕』（信山社，2023年）（以下「青竹商法総則・商行為法」といいます）225頁参照）と6か月の期間制限にかかるという説（弥永真生『リーガルマインド商法総則・商行為法〔第3版〕』（有斐閣，2019年）（以下「リーガルマインド商法総則・商行為法」といいます）105頁参照）があり，学説の対立があるようです。
13　リーガルマインド商法総則・商行為法・105頁

ます。

　ただし，当該契約不適合につき，売主が悪意であった，つまり，当該契約不適合を知っていた場合には，上記期間制限にはかかりません（同条3項）。

• 契約書上の検査・検収条項

　商法526条や契約不適合責任に関する民法の規定は基本的に任意規定ですので，契約書において，上述した規律を変更することが可能です[15]。契約書においては，①**検査方法**，②**検査期間**，③**検査結果の通知**，④**不合格の場合の処理**について定めることが多いでしょう。なお，「(4)　個別契約の成立（ひな形3条）」で述べたとおり，これらの事項については，個別契約で定める場合もあります。特に，1つの取引基本契約書によって複数の種類の目的物を取り扱うことが想定される場合には，個別契約で定めることに合理性があるといえるでしょう。

　①検査方法について，商法526条は具体的に定めていませんが，紛争防止の観点からは，検査方法を具体的に定めておくべきでしょう。ひな形6条1項では，外観検査と数量検査のみを行う形としていますが，検査方法の定め方は目的物によって様々です。どのような検査を行うべきかは，目的物の内容，性質によって異なりますので，**事業部門へのヒアリングを踏まえて判断していく必要があるでしょう**。

　②検査期間について，商法526条では，「遅滞なく」検査しなければならないとされていますが，「遅滞なく」がどのくらいの期間なのか当事者間で認識の離齬が生じる可能性があり，契約書で具体的な期限を定める場合もあります。

14　判例（最判昭和47年1月25日集民105号19頁）は，瑕疵（契約不適合）がただちに発見することができない場合において，受領後6か月以内に瑕疵（契約不適合）を発見してただちにその旨の通知を発しなければ，買主は売主に対して権利を行使できなくなると解しています。これに対し，ただちに発見できない契約不適合について，過失なく発見できなかったときは6カ月の期間制限を受けないと解する見解も存在します（青竹商法総則・商行為法・225頁）。
15　ただし，民法572条は強行規定です。また，これらの法律の適用が問題となる場面において取引基本契約書が利用される場面はあまり多くないと思いますが，宅地建物取引業法，消費者契約法，住宅の品質確保の促進等に関する法律にも担保責任についての強行規定が存在します。

　もっとも，検査期間としては，「遅滞なく」のままとして，③検査結果の通知期間のみを具体的な期限で定める場合もあり，ひな形ではその形としています。

　③検査結果の通知については，まず，どのような場合に買主が通知を行うのかを定めます。ひな形6条2項のように検査結果にかかわらず通知を行う形とする場合もあれば，契約不適合が発見されたときにのみ通知を行う形とする場合もあります。次に，検査結果を通知する期間ないし期限を定めます。検査結果の通知期間ないし期限を定める際には，商法526条のような「遅滞なく」や「直ちに」といった解釈の余地のある表現としてしまうと，その解釈につき当事者間で争いになる可能性がありますので，ひな形6条2項のように，**具体的な通知期間ないし通知期限を定めておくべき**でしょう。どのくらいの期間が妥当かは，やはり，事業部門へのヒアリングを踏まえて判断していく必要があります。そのうえで，通知期間ないし通知期限までに通知がなかった場合の効果を定めます。ひな形6条2項後段のように，検査に合格したものとみなす形とする場合が多いでしょう。

　なお，検査・検収についての条項（または後述する「⑿　契約不適合責任（ひな形12条）」の条項）において，以下のような，**商法526条の適用を排除することを定める条項**を設けることがあります。上記のとおり，商法526条は買主にとって厳しいルールを定めるものです。そこで，特に買主の立場からは，商法526条の適用を排除すべく，以下のような規定を設けることが考えられるところです。

【商法526条の適用を排除することを明記する場合の条項例】

> 5．本契約及び個別契約において，商法526条は適用されないものとする。

- **④不合格の場合の処理**

　最後に，④不合格の場合の処理について解説します。上記のとおり，契約不適合がある場合に買主が採りうる手段については民法の規定がありますが，任意規定であり，契約によって変更することが可能です。

　そこで，**買主の立場**としては，以下のような対応が考えられます。

― 売主が，買主が請求した方法と異なる方法で履行の追完をすることを禁止する

　上記のとおり，民法上は，売主が，買主が請求した方法と異なる方法で追完できる場合を認めています（同法562条1項ただし書）。そこで，ひな形6条4項のように，契約不適合責任の追及方法につき買主の選択に従うことを明記することで，売主が，買主が請求した方法と異なる方法で履行の追完をすることを禁止することが考えられます。

― 履行の追完を催告することなく，代金減額請求を行うことができるようにしておく

　上記のとおり，民法上は，代金減額請求は，原則として履行の追完を催告し，催告期間内に履行の追完がない場合にすることができるものとされています（同法563条1項）。そこで，ひな形6条4項のように，契約不適合責任の追及方法につき買主の選択に従うことを明記する（さらに「何らの催告を要することなく」などと記載しておけばより確実でしょう）ことで，履行の追完を催告することなく，代金減額請求を行うことができるようにしておくことが考えられます。

― 解除，損害賠償を妨げないことを明記しておく

　上記のとおり，民法の契約不適合責任に関する規定は，解除や損害賠償の請求を妨げるものではありません（同法564条）。したがって，このような規定がなくとも，解除や損害賠償の請求が制限されるものではないと考えられます。もっとも，契約書上に契約不適合責任条項に関する詳細な規定を設けたことが，契約不適合責任条項に定められている方法以外の救済手段（解除や損害賠償請求）を排除する趣旨であると解釈されてしまうリスクを回避するため，ひな形6条4項後段のような規定を設けておくことが望ましいでしょう。

　反対に，**売主の立場**としては，以下のような対応が考えられます。

― 担保責任を負わない旨の特約を定める

　最も売主に有利なのは，売主が一切の担保責任を負わない形とする方法でしょう。しかしながら，このような形は買主にとって受け入れがたい場合が多く，実務上，この形とされることはあまり多くありません。なお，一切の担保責任を負わない形にする場合でも，売主が知りながら告げなかった事実については，責任を免れることはできません（民法572条。強行規定）。

― 代金減額の算定方法を明記しておく

　買主が代金減額請求の方法を選択した場合，減額する金額について争いが生じる可能性があります。このような争いが生じた場合，代金を前払いとしている場合を除き，売主の側で，第一次的な（つまり，裁判などの手段にでない限り），

買主による代金不払いリスクを負うことになります。そこで，契約書において，あらかじめ代金減額の算定方法を明記しておくことでこのような争いが生じるリスクを軽減しておくことが考えられます。

―履行の追完方法について売主の側に選択権を持たせる

　履行の追完方法，たとえば，修理を行うか代替品の納入を行うかについて，売主の側に選択権を持たせることが考えられます。

―履行の追完以外の方法を排除する

　契約不適合責任への対応として，以下の条項例のように，履行の追完以外の方法（代金減額請求，解除，損害賠償など）を排除することが考えられます。

―売主が契約不適合責任を負わない場面についての規定を設ける

　売主が契約不適合責任を負わない場面を定めておくことが考えられます。例として，契約不適合につき買主が悪意であったとき，契約不適合が買主の責めに帰すべき事由によるものであるときなどが考えられます。

―損害賠償額に上限を設ける

　契約不適合を理由とする損害賠償請求に上限を設けることが考えられます。ただし，損害賠償請求につき，契約書上の損害賠償条項の規定に委ねる形とする場合には，損害賠償条項において上限を設けることで足りるでしょう（「第4章 契約書の構成と文例」「8　一般条項」「⑸　損害賠償」参照）。

【履行の追完以外の方法を排除する場合（かつ，履行の追完方法について売主の側に選択権を持たせる場合）の条項例】

　4．前項の場合，乙は，数量不足の場合には不足分の納入を行い，その他の契約不適合の場合には，自らの選択により，本商品の修補又は代替品の納入を行う。
　5．甲は，契約不適合を理由として，前項に定める方法以外の方法による履行の追完の請求，並びに代金の減額の請求，損害賠償の請求及び契約の解除をすることはできない。

　また，ひな形では定めていないものの，不合格品となった目的物の取扱い（保管方法，返還方法，保管・返還の費用負担，売主による返還受取拒否の場合の処理など）を定める場合もあります。目的物の保管や輸送に特別の費用がかかる場合などは，こういった規定を設けることを検討しておくべきでしょう。

(8)　所有権の移転（ひな形7条）

　売買の目的物の所有権がいつ移転するのかを定める条項です。

　法律上は，目的物が，特定物であれば契約成立時[16]，不特定物であれば目的物の特定（民法401条2項）時[17]に所有権が移転することになりますが，契約によって別の移転時期を定めることが可能です。所有権を有していれば，（契約上これを制約するような定めのない限り）目的物の使用，収益および処分を自由に行うことができますので，**売主としてはなるべく遅い時期に，買主としてはなるべく早い時期に所有権移転時期を設定したいと考えるのが通常でしょう。**

　所有権移転時期としては，①納入時，②検収時，③代金完済時といった選択肢が考えられます。ひな形7条は，このうち②検収時を選択したものです。

　売主，買主それぞれの立場に応じてレビューをするとよいでしょう。

(9)　危険負担（ひな形8条）

　売買の目的物の危険負担における危険がいつ移転するのかを定める条項です。「危険負担」という言葉は，少し難しく感じるかもしれませんが，ここでは，**目的物が売主・買主のいずれの責めにも帰することができない事由（天災など）によって滅失または損傷してしまった場合に，買主が代金の支払を拒むことができるか，という問題**と考えればわかりやすいかと思います。

　民法では，目的物の引渡し時に危険が売主から買主に移転するとされています（同法567条1項）。言い換えれば，目的物の引渡し前に滅失等してしまった場合には，売主がその危険を負担する，すなわち，買主は代金の支払を拒むことができ，目的物の引渡し後に目的物が滅失等してしまった場合には，買主がその危険を負担する，すなわち，買主は代金の支払を拒むことができないということになります。

　危険負担についての民法の規定は任意規定であるため，契約によって修正することが可能です。当事者としては自ら危険を負担したくはないですから，

16　最判昭和33年6月20日民集12巻10号1585頁
17　最判昭和35年6月24日民集14巻8号1528頁

（「(8)　所有権の移転（ひな形7条）」で解説した所有権の移転時期とは反対に，）**売主としてはなるべく早い時期に，買主としてはなるべく遅い時期に危険の移転時期を設定したいと考えるのが通常**でしょう。

　危険の移転時期としては，**①納入時，②検収時，③代金完済時**といった選択肢が考えられます。ひな形8条は，このうち**②検収時**を選択したものです。

　売主の立場からすると，自らの支配領域を完全に離れた後もなお危険を負い続けることとなってしまう③はリスクが高く，危険の移転時期を③に設定することは避けるべきでしょう。

　なお，所有権の移転時期と危険の移転時期とは，必ずしも一致させる必要はなく，それぞれ別の時期を定めることも可能です。もっとも，公平性の観点からは，所有権の移転時期と危険の移転時期を一致させることには一定の合理性があるといえるでしょう。たとえば，契約書において，所有権の移転時期が③代金完済時，危険の移転時期が①納入時とされている場合，買主から，売主に対し，「いずれも売主有利に定められており，不公平である」と主張して，所有権の移転時期を危険の移転時期と合わせるように求めていくといったようなことは，実際の契約交渉においてもよく行われています。

⑽　代金（ひな形9条）

　代金の支払に関する条項については，「第6章　業務委託契約書作成・レビューのポイント」「3　レビューのポイント」「(3)　業務委託料（ひな形5条，6条）」で解説したとおり，対価（代金）の**金額，支払時期，支払方法**を定めるのが一般的です。

　これらの事項については，「(4)　個別契約の成立（ひな形3条）」で述べたとおり，取引基本契約書ではなく，個別契約で定めることとする場合もあり，ひな形においても，代金額については個別契約で定める形としています（ひな形9条1項）。

・金　額

　代金額を取引基本契約で定めるにせよ個別契約で定めるにせよ，記載された金額が税込みか税抜きかが争いとなることのないように，**契約書上で明示して**

おくべきでしょう。

　また，輸送費，梱包費，PL保険などの保険加入を想定している場合には保険料などの**費用をいずれの当事者が負担するのか（どの範囲まで代金額に含めるのか）**を契約書上明記しておくべきです（契約で定めなかった場合，「弁済の費用」に当たるものであれば，債務者負担になります（民法485条）。たとえば，目的物の輸送費については売主負担となります）。なお，輸送費については，「(6)　納入・納品（ひな形5条）」で述べた③納入費用として契約書で定めている場合には，当然ながら，代金を定める条項において重複して定める必要はありません。

・支払時期

　民法上，代金の支払期限は，目的物の引渡期限と同一と推定されることになっています（民法573条）が，実務上は，ひな形9条3項のように，**一定の締切日を設定し，締切日までに納入または検収された商品の代金を，設定された支払期限までに支払う**形としていることが多いと思います。代金支払の対象を，締切日までに"納入"した商品とするか，締切日までに"検収"した商品にするかは，交渉の対象になりやすいところですが，売主であれば納入，買主であれば検収とするのが望ましいでしょう。なお，ひな形では，代金支払の対象を，締切日までに"検収"した商品としています（ひな形9条3項）。

　また，売主の立場である場合，初めて取引をする相手など，資力に不安がある買主と取引をするときには，代金を前払いとしたい場合もあるでしょう。この場合には，代金支払の対象について納入や検収を基準とすることはできませんので，"個別契約の成立"を基準とし，「締切日までに個別契約が成立した本商品の代金」などと規定することが考えられます。また，締切日を設定することなく，シンプルに「甲は，乙に対し，個別契約成立後●日以内に本商品の代金を下記の銀行口座に振り込む方法によって支払う」のように定めることも可能です。代金を前払いとする場合，納入について定める条項（ひな形でいえば5条）においても，以下のような，前払いを前提とした規定としておくことが必要になります。

【代金を前払いとする場合の納入条項の例】

> 1．乙は，甲に対し，代金の支払を受けた日から●日以内に（or 代金の支払を受けた日の翌月●日までに），個別契約で定める納入場所に，本商品を納入する。

　なお，取引基本契約の対象となる取引について，単なる売買ではなく，請負的な要素が含まれる取引を対象とする場合，「製造委託」（下請法2条1項）などに該当する可能性があります。このような場合には，下請法2条の2第1項の適用にも注意が必要となります（「第6章　業務委託契約書作成・レビューのポイント」「3　レビューのポイント」「(3)　業務委託料（ひな形5条，6条）」「・下請法の適用がある場合」の解説参照）。

　・支払方法
　支払方法については，「第6章　業務委託契約書作成・レビューのポイント」「3　レビューのポイント」「(3)　業務委託料（ひな形5条，6条）」で述べたとおり，銀行振込とする場合には，振込先の**金融機関名，支店名，口座種別（普通預金，当座預金等の記載），口座番号，口座名義，口座名義の読み仮名（カタカナ）**を記載するのが一般的です。また，振込手数料をどちらの当事者が負担するかについても定めておくとよいでしょう。

(11)　相殺（ひな形11条）

　相殺とは，二者が互いに同種の債権・債務を有する場合に，当該債権・債務を対当額で消滅させることをいいます。たとえば，売主が買主に対して40万円の金銭債権を有し，また，買主に対して100万円の金銭債務を負っている場合，売主はこれらの債権・債務を相殺することによって，40万円分の債権・債務を消滅させ，残りの債務である60万円のみを買主に支払えば足りることになります。

　相殺は，単に支払手続を簡略化する目的で行われる場合のみならず，債権回収の手段として利用される場合があります。たとえば，上記の例で，買主からの40万円の支払が滞っている場合，売主としては，相殺をすることで40万円の債権回収を実質的に実現することができます。

　民法上は，相殺をするためには，相殺の対象となる債権・債務が双方弁済期にあることが必要とされています（同法505条1項本文。ただし，自身が相手方に対して負う債務については期限の利益を放棄することができる（同法136条2項本文）ため，実質的には，自身が相手方に対して有する債権が弁済期にあれば相殺は可能です）。しかしながら，売主としては，たとえば，買主に信用不安が生じていて買主からの支払が期待できないような状況であれば，自らが有する債権について弁済期の到来を待たずして債権回収を実現したいと考えるのが通常でしょう。

　そこで，契約書において，ひな形11条のような相殺予約の条項を設け，「弁済期が到来しているかにかかわらず」相殺ができる旨を定めることによって，**自らの有する債権について弁済期の到来を待つことなく，債権回収を実現できるようにしておくのです。**

　なお，信用不安が生じている状況であれば，期限の利益喪失条項（ひな形でいえば21条3項）などによって，自動的に弁済期が到来し，これによって民法上の相殺要件を満たす（この状態を「相殺適状」といいます）場合もありますが，本条のような相殺条項は，期限の利益喪失事由への該当性を判断するまでもなく確実に相殺ができることに意義があるといえるでしょう。

⑿　契約不適合責任（ひな形12条）

　契約不適合責任については，「⑺　検査および検収（ひな形6条）」でも言及したところですが，ここでは，検査・検収を経た後の目的物につき契約不適合が発見された場合の対応について定める条項を解説します。

　前述のとおり，ひな形のような商人間の売買であれば，商法526条が適用されるところ，商法526条は，種類または品質に関する契約不適合について[18]，「契約不適合を直ちに発見することができない場合」において，買主は6か月以内に契約不適合を発見したときは，「直ちに」売主に通知を発しなければ，当該契約不適合を理由とする契約不適合責任の追及をすることができなくなるとしています（同法526条2項後段）。なお，発見が6か月以内であれば，通知は6か月以内に発信されなくてもよいこともすでに述べたとおりです。また，前述のとおり，判例によれば，買主が目的物の受領後6か月以内に契約不適合を発見できなければ，買主は売主に対して当該契約不適合を理由とする契約不適合責任の追及をすることができなくなるとされています。

　ここで，「直ちに発見することができない場合」であるかは，その業種の商人が通常用いるべき注意を基準として判断されます[19]が，取引基本契約書で定める場合には，ひな形12条1項のように，「第●条に定める検査では発見できない」契約不適合についての規定として定める場合が多いでしょう。ひな形では，検査によって発見された契約不適合は6条，その後に発見された契約不適合は12条によって規律されるような形としています。

・レビューのポイント

　契約不適合があった場合に買主が採りうる手段について，民法の規定を契約書で修正する方法については，「(7)　検査および検収（ひな形6条）」「・④不合格の場合の処理」で述べたとおりです。

　ここでは，商法526条（より具体的には，同法526条2項後段および同条3項）の規定を契約書で修正する方法について解説します。

　まず，**買主の立場**としては，以下のような対応が考えられます。

18　前述のとおり，数量不足に関しては規定がありません。取引基本契約書において定める場合には，ひな形12条のように数量不足を除外することなく期間制限の対象とする定め方のほか，数量不足については期間制限の対象外とする定め方も考えられます。買主にとっては，後者のほうが有利な定めになります。

19　リーガルマインド商法総則・商行為法・105頁

―契約不適合責任を追及できる期間を延ばす

　契約不適合責任を追及できる期間を商法526条2項（および判例）が定める期間（目的物の受領後6か月）よりも延長することが考えられます。民法（566条本文）が定めるように，「買主がその不適合を知った時から1年以内にその旨を通知」すれば足りる形まで延長することができればかなり買主に有利になるといえるでしょう。もっとも，そこまで期間を延ばすことは，売主から受け入れられない場合が多いと思います。そこで，現実的な修正としては，「納入日から1年」などとする形が考えられます。なお，期間を変更する場合，何の期間を変更したものなのかが明確になるように注意しましょう。上記のとおり，商法526条2項が定める6か月の期間は，**目的物の受領から契約不適合を発見するまでの期間**を定めたものです。そのうえで，同法526条2項は，**発見をしてから通知を発するまでの期間**を「直ちに」としています。これに対し，ひな形12条1項は，発見から通知までの期間を問題とすることなく（すなわち，いつ発見したものであるとしても，）「納入日から1年以内」に通知を発すればよい形にしています。

―期間制限が適用される場合を限定する

　商法526条3項は，同法526条2項が定める期間制限について，売主が，契約不適合について悪意であった場合には適用しないこととしています。契約書においても，売主が悪意であった場合には期間制限が適用されないことを明記しておくとよいでしょう。さらには，売主が契約不適合を（重大な）過失によって知らなかった場合についても，期間制限が適用されない形としておくことが望ましいといえます。

　一方で，**売主の立場としては，契約不適合責任を追及されうる期間を，商法526条2項（および判例）が定める期間よりも短くする**ことが考えられます。また，検査・検収を経た後の目的物につき，買主が売主に対して契約不適合責任を追及できる場合を，**売主の責めに帰すべき事由による契約不適合の場合に限定する**ことも考えられます。

⒀　製造物責任（ひな形13条）

　売買の目的物に製造物責任の問題が生じた場合（ただし，後述のとおり，必ずしも製造物責任法に基づく責任が生じる場合に限定しない場合もあります）の処理を定める条項です。

● 製造物責任法[20]

　製造物責任については，製造物責任法（PL法とも呼ばれます。PLとは，Product Liability の略です）という法律がありますので，まず製造物責任法について簡単に説明します。

　製造物責任法とは，**製造物**（「製造又は加工された動産」をいいます（製造物責任法2条1項）**の欠陥**（「製造物が通常有すべき安全性を欠いていること」をいいます（製造物責任法2条2項）。安全性に関わらないような単なる品質上の不具合は，同法上の「欠陥」には当たりません）**が原因で生命，身体または財産に損害を被った場合に，被害者が製造業者等に対して損害賠償を求めることができることを規定した法律です。**不法行為責任（民法709条）の特則であり，不法行為責任に基づく損害賠償請求の場合には加害者の故意または過失を立証しなければならないところ，**製造物責任については，（加害者の故意または過失の立証をすることなく，）製造物の欠陥を立証することで足ります。**

　製造物責任法により損害賠償を請求することができるのは，製造物の欠陥によって，人の生命，身体に被害をもたらした場合，または，欠陥のある製造物以外の財産に損害が発生した場合に限られます。したがって，欠陥による被害が，その製造物自体の損害にとどまる場合（たとえば，走行中のバイクから煙が上がり走行不能となったものの，当該バイク以外に被害が生じなかった場合）は，製造物責任法の対象にはなりません（別途，不法行為や債務不履行などの責任を追及できる可能性はあります）。

　同法の責任主体となる「製造業者等」とは，以下の①〜③のいずれかに該当する者をいいます（製造物責任法2条3項）。

---

① 　製造物を業として製造，加工または輸入した者（同条項1号）
② 　自ら製造業者として製造物にその氏名等の表示をした者または製造物にその製造業者と誤認させるような氏名等の表示をした者（同条項2号）
③ 　実質的な製造業者と認めることができる氏名等の表示をした者（同条項3号）

20　消費者庁ウェブサイト「製造物責任法の概要Q&A」（https://www.caa.go.jp/policies/policy/consumer_safety/other/pl_qa.html）参照。

　したがって，取引基本契約における売主が製造業者であり，買主が（商品を一般消費者などに販売する）販売業者であるような場合，**販売業者である買主は，原則として同法の責任主体とはなりません。**もっとも，たとえば，OEM[21]の場合，買主は，売主に自社のブランドを付して製造させることになります。このような場面では，**販売業者である買主も，**②または③として「製造業者等」に該当する場合があり，**製造物責任の主体として，被害者から損害賠償請求を受ける可能性があるのです。**

・契約書上の製造物責任条項

　契約書上の製造物責任条項においては，**①製造物責任の問題が生じた場合の責任，②通知・協力義務**を定めることが多いでしょう。

・①製造物責任の問題が生じた場合の責任（ひな形13条2項）

　①製造物責任の問題が生じた場合の責任については，売主が買主に対して負う賠償責任の形で定められることが多いです。すなわち，目的物の欠陥に起因して買主に損害（典型的には，販売業者である買主が，「製造業者等」として被害者から損害賠償請求を受け，当該被害者に対して賠償金を支払った場合の当該賠償額）が生じた場合，買主としては，売主に対して損害賠償請求をしたいと考えるでしょう。

　もちろん，買主としては，民法上の不法行為責任，契約不適合責任，債務不履行責任などの要件（民法709条の故意・過失や民法415条1項ただし書の売主の帰責事由など）を満たす場合には，売主に対して，これらの責任に基づく損害賠償請求をすることは可能です。しかしながら，上記のとおり，製造物責任法は，「製造業者等」の故意・過失を立証することなく被害者からの損害賠償請求を認めるものですから，買主としては，売主の故意・過失や帰責事由を問題とすることなく，売主に損害賠償をしたいと考えるでしょう[22]。また，売主に賠償させる範囲についても，買主からすれば，民法（416条）の規定に委ねるのではなく，目的物の回収費用や弁護士費用なども確実に賠償範囲に含まれ

21　自社で生産した製品に相手先企業の商標などをつけて供給する生産形態をいいます。

るようにしたいと考えるでしょう。

　そこで，**買主の立場**からは，ひな形13条2項のように，目的物の欠陥により第三者の生命，身体または財産に損害が生じた場合には，**売主の故意・過失を問題とすることなく売主に責任追及ができる旨を明記しておくべき**ということになります。また，その場合に売主が負うべき**賠償範囲を明記**することで，**賠償範囲を拡大し，または，賠償範囲につき争いが生じるリスクを回避する**ことが望ましいでしょう。賠償範囲を明記する方法としては，ひな形13条2項のような「（弁護士費用を含む。）」という記載方法のほか，「（甲が第三者に支払った賠償額，甲が本商品を回収するために要した費用，弁護士費用等を含むが，これらに限らない。）」と記載する方法，「（前項に定める対応を行うために甲が支払った一切の費用を含むが，これに限らない。）」と記載する方法など様々なバリエーションが考えられるところです。

　一方で，**売主の立場**からは，**賠償範囲を限定する，または，賠償責任を負う場面を限定する**ことを検討するべきです。賠償範囲を限定する方法としては，たとえば，賠償範囲として明記されている事項（例として，「弁護士費用」）に本来売主が負担すべきでないものが含まれていないかを確認し，そういったものがあればそれを賠償範囲から除外しておく必要があります。また，賠償責任を負う場面を限定する方法としては，欠陥について売主の故意・過失や帰責事由がない場合には責任を負わない形とすることが考えられます。もっとも，このような形は買主に受け入れられないことも多いでしょう。そこで，その時点における科学知見や技術知見によっては認識できなかった場合（製造物責任法4条1号参照[23]）や欠陥が買主からの指示に起因する場合（同条2号参照[24]），買主における保管・管理上の不備といった買主の帰責事由または故意・過失によ

22　製造物責任法は，被害者から「製造業者等」に対する損害賠償請求について規律するものであり，求償関係（ここでは，買主から売主に対する責任追及）を規律するものではありません。したがって，買主が売主に責任追及をする場面では，契約に定めない限り，民法上の不法行為責任，契約不適合責任，債務不履行責任などの要件を満たす必要があります。

23　製造物責任法4条は，製造業者等が"被害者"に対して負う賠償責任の免責事由を定めたものであって，求償関係について定めたものではありませんが，契約書において求償関係を定めるうえでも参考になります。

り生じた場合においては，売主が責任を負わない，または，売主の責任割合の限度でのみ責任を負う形にしておく方法により，売主が責任を負う場面・範囲を限定することが考えられます。

【売主が責任を負う場面・範囲を限定する場合の条項例】

> 1．本商品の欠陥により，第三者の生命，身体又は財産に損害が生じた場合，乙は，故意，過失の有無を問わず，当該第三者及び甲に生じた一切の損害（弁護士費用を含む。）を賠償する。ただし，乙が本商品の納入時における科学若しくは技術に関する知見によっては当該目的物にその欠陥があることを認識することができなかったとき，又は，当該目的物の欠陥が専ら甲の指示に従ったことにより生じたものであるときは，この限りではない。
> 2．前項の規定にかかわらず，本商品の欠陥又は第三者に生じた損害につき甲に帰責性がある場合，乙は，自らの責任割合の限度でのみ前項の賠償責任を負う。この場合，乙が第三者に支払った賠償額があるときは，乙は，甲に対し，当該賠償額のうち甲の責任割合に相当する部分の支払いを請求することができる。

・②通知・協力義務（ひな形13条1項）

　また，製造物責任の問題が生じた場合における当事者間の通知義務や協力義務を定めておく場合も多いでしょう。通知・協力義務については，後述する「⑭　第三者の権利侵害（ひな形14条）」の「③通知・協力義務（ひな形14条1項）」で解説します（同解説は，知的財産権紛争が生じた場合を想定したものですが，当事者の利益状況は類似します）。

・その他

　さらに，本条項を，製造物責任法に基づく責任が生じる場面に限定せず，広く，目的物に関する苦情や請求があった場合の処理（責任の所在，通知・協力義務など）について定める形とする場合もあります。特に，買主側の立場である場合には，このような形とすることも検討しておくとよいでしょう。

24　製造物責任法4条2号が適用されるためには，さらに「当該製造物が他の製造物の部品又は原材料として使用された」場合であること，製造業者等に「欠陥が生じたことにつき過失がないこと」が必要です。

⒁　第三者の権利侵害（ひな形14条）

　売買の目的物が第三者の知的財産権を侵害するとして紛争となった場合の処理について定める条項です。一般的には，①保証，②保証違反の効果を定めることが多いでしょう。また，③当事者間の通知・協力義務を定める場合も多くあります。

- ①保証（ひな形14条1項），②保証違反の効果（同3項）

　目的物に知的財産権侵害がある場合，本条のような規定がなくとも，買主から売主に対して債務不履行責任（民法415条）などを追及できる場合が多いと考えられます[25]。もっとも，買主としては，より確実に（すなわち，売主の帰責性を問題とすることなく），かつ，十分な（すなわち，民法416条に定める範囲に限定されることなく）保証ないし補償を得たいと考えるのが通常でしょう。そこで，買主としては，①知的財産権侵害がないことを売主に保証をさせ，②万一保証違反があった場合の売主の補償責任を定めることが望ましいといえます。②においては，「⒀　製造物責任（ひな形13条）」の場合と同様，弁護士費用など，売主が負うべき補償範囲を明記することで，補償範囲を拡大し，または，補償範囲につき争いが生じるリスクを回避することも検討しておくべきでしょう。

　一方で，売主としては，①に関して，保証の対象となる範囲を限定することが望ましいといえます。保証の対象範囲を限定する方法としては，知的財産権を侵害しないことについて「売主の知る限り」または「売主の知り得る限り」に限定する方法が考えられます。また，買主が目的物の海外での販売を予定している場合には，「日本国内において」と追記することで，保証の対象地域を限定することもありうるでしょう。さらに，保証対象を，「知的財産権を侵害しないこと」に代えて，「知的財産権に関する紛争が生じていないこと」とする方法もありうるでしょう。次に，②に関して，売主としては，補償の対象となる範囲を限定できないか検討すべきです。たとえば，売主の立場からは，

25　契約書作成の実務と書式・73頁参照。

「⑬　製造物責任（ひな形13条）」で述べたのと同様，補償範囲として明記されている事項に本来売主が負担すべきでないものが含まれている場合には，それを補償範囲から除外しておく必要があります。また，売主の故意・過失や帰責事由がない場合には補償責任を負わない形とすることも考えられますが，このような形は買主に受け入れられないことも多いでしょう。そこで，知的財産権侵害が，買主からの指示に起因する場合，買主において行った加工により生じた場合など，買主の帰責事由または故意・過失により生じた場合においては，売主が責任を負わない，または，売主の責任割合の限度でのみ責任を負う形にしておく方法により，売主の補償対象範囲を限定することが考えられます。

【売主の補償対象範囲を限定する場合の条項例】

> 2．前項の保証に違反した場合，乙は，当該違反によって甲に生じた一切の損害（弁護士費用を含む。）を補償する。ただし，知的財産権の侵害が専ら甲の指示に従ったことにより生じたものであるとき，甲による本商品の加工によって生じたものであるとき，その他甲の責めに帰すべき事由によって生じたものであるときは，この限りではない。

　なお，契約書によっては，知的財産権侵害を理由とする紛争があった場合には，保証違反の有無と関係なく（つまり，紛争の結果，知的財産権の侵害が認められなかったような場合にも），売主がすべての責任を負うかのように読める規定となっているものも見かけます。**売主としては，売主が責任を負う場面が，保証違反があった場合に限定されることが明確な規定にしておくべきで**しょう。

•③通知・協力義務（ひな形14条2項）

　買主と第三者との間で知的財産権紛争が生じた場合，売主としては，（契約上売主が補償責任を負うことになっている場合は特に，）自らも当該紛争に関与する機会を確保しておきたいと考えるでしょう。反対に，売主と第三者との間で知的財産権紛争が生じた場合，その紛争は，買主が買い受けた目的物にも波及する可能性が高く，買主としても，当該紛争の状況を把握したいと考える

はずです。そのため，**紛争が生じた場合の相手方当事者への通知義務を定めておくことは，売主・買主双方にとって有用**といえます。

　また，買主と第三者との間で知的財産権紛争が生じた場合，買主としては，目的物の構造や製法などの情報を自ら保有していない場合も多く，売主に協力または対応してもらいたいと考えることが多いでしょう。訴訟であれば，買主が，売主に訴訟告知（民事訴訟法53条）をする方法も考えられますが，訴訟以外の場面，たとえば交渉段階においても，売主に協力してもらう必要性は存在します。一方で，売主としても，たとえば，目的物の回収が必要になる場合など，買主の協力を得たい場面が生じることが想定できます。そのため，**紛争が生じた場合の相手方当事者との協力義務を定めておくことは，売主・買主双方にとって有用な場合が多い**と考えられます。

　したがって，売主・買主いずれの立場においても，**知的財産権紛争が生じた場合における当事者間の通知義務や協力義務を定める**ことを検討しておくべきでしょう。

⒂　知的財産権の帰属（ひな形15条）

　売主が自ら設計，製造する製品（既製品）を買主に販売するような場合，特許権をはじめとする知的財産権の帰属は売主側とするのが通常であり，契約当事者間において知的財産権の帰属について争いが生じることはほとんどないと思います。もちろん，そのような場合にも，ひな形15条のような規定を確認的な意味で定めておくことは有用でしょう。

　一方で，買主側が仕様書や図面などを提供し，それに基づいて目的物が製作されるような場合，当該目的物に関して，売主・買主の双方に技術的（または経済的）な貢献があり，知的財産権の帰属について当事者間で争いが生じる可能性があります。「第6章　業務委託契約書作成・レビューのポイント」「3レビューのポイント」「(5)　知的財産権の帰属（ひな形9条)」で述べたとおり，知的財産権やそれに係る権利（特許を受ける権利など）の帰属については，法律に定めがありますが，紛争を防止する観点からは，契約書においてその取扱いを定めておくべきでしょう。

　契約書において，知的財産権の帰属先をどのように定めるかについての選択

肢は,「第6章　業務委託契約書作成・レビューのポイント」「3　レビューの
ポイント」「(5)　知的財産権の帰属（ひな形9条）」で述べたとおりです。ここ
では,「**④別途当事者間で協議することとする**」こととした場合の条項例を紹
介します。この場合,発明等が生じた場合の相手方当事者への通知義務を定め
ておくことも必要になります。

【知的財産権の帰属について当事者の協議とする場合の条項例】

> 甲及び乙は,相手方から開示された仕様書,図面その他の情報に基づいて新た
> に発明,考案,意匠の創作,回路配置の創作,著作物の創作又はノウハウの創出
> （以下「発明等」という。）をなした場合,速やかにその内容を相手方に対して通
> 知し,当該発明等に関する知的財産権その他の権利の取扱いについて,甲乙協議
> のうえ定める。

⒃　再委託（ひな形16条）

　売主が目的物の製造を第三者に委託することを認めるか否かについて定める
条項です。取引基本契約書において再委託を認めるか否か,および,レビュー
のポイントについては,「第6章　業務委託契約書作成・レビューのポイン
ト」「3　レビューのポイント」「(7)　再委託（ひな形11条）」で述べたことが
基本的に妥当します（ただし,売買の場合には,民法644条の2第1項のよう
な規定はないため,契約で定めない限り,原則として売主は自由に再委託がで
きると考えられます）。

　再委託を認めるか否かについて,一般的傾向としては,買主の立場であれば
再委託を認めたくない場合が多く,売主の立場であれば再委託を認めてほしい
場合が多いでしょう。もっとも,たとえば,既製品の売買においては,買主も
目的物を誰が製造するかについて関心がない場合があるでしょう。**再委託を認
めるか否かについては,売買の目的などを踏まえて,売主・買主それぞれの立
場から検討する**ことになります。

　レビューのポイントについても,「第6章　業務委託契約書作成・レビュー
のポイント」「3　レビューのポイント」「(7)　再委託（ひな形11条）」で述べ

たように，①再委託の可否，②再委託を認める範囲，③再委託をする場合に必要な手続に着目してレビューするとよいでしょう（ひな形16条1項参照）。また，（例外的または限定的であっても）再委託を認める場合には，**再委託をする場合に，④再委託先に課す義務や⑤委託者の責任についても定めておくべきです**（ひな形16条2項参照）。

⒄ その他

　取引基本契約においても，ひな形のように，秘密保持条項，反社会的勢力の排除条項などの一般条項が定められることが通常です。一般条項については，「第4章　契約書の構成と文例」「8　一般条項」の解説を参照ください。

　また，上記で解説したもの以外にも，取引基本契約において定められることのある条項は存在します（たとえば，貸与品・支給品，保証金，連帯保証など）。さらにいえば，レビューのポイントは，対象となる取引類型によっても異なってくるでしょう。

　そのため，レビューに際しては，適宜，「第2章　契約書レビューの作法」「3　ベースとなる契約書の準備」で述べたような方法で適切な解説を探す必要があることは，「第6章　業務委託契約書作成・レビューのポイント」で述べたことと共通します。

●演習問題●

第7章では，取引基本契約書の作成・レビューのポイントを解説しました。取引基本契約書は，かなり分量の多い契約書となっていることも珍しくなく，はじめのうちはレビューに苦労することも多いと思います。もっとも，取引基本契約書は，異なる契約書であっても似たような事項が定められている場合も多く，契約書レビューを繰り返しているうちに，レビューは格段に楽になっていくと思います。まずは本書でポイントを押さえ，その後は実践を繰り返すことでスムーズにレビューができるようになるでしょう。

① 当事者間において繰り返し行われることが想定される売買に共通して適用されるルールを定める「取引基本契約書」を取り交わしている場合においても，個別の売買契約は，個別契約時に成立する。

② 取引基本契約書に印紙税がかかることはない。

③ 会社間で取引を行う場合，その契約には原則として商法が適用される。

④ 取引基本契約書において同契約書の適用範囲を定める場合，取引基本契約書の適用範囲は可能な限り広く定めることが望まれている。

⑤ 取引基本契約書において個別契約との優先関係を定める方法としては，「常に個別契約を優先させる方法」と「常に取引基本契約を優先させる方法」しかなく，「取引基本契約が優先することを原則としつつも，特定事項についてのみ個別契約を優先させる」ような定め方とすることはできない。

⑥ 注文書と注文請書の交換によって個別契約を成立させる場合，契約によって特に定めなかった場合には，売主が注文請書を発送した時に個別契約が成立する。

⑦ 納期や納入場所については，個別契約で定めてもよく，必ずしも取引基本

契約で定めなくともよい。

⑧ 契約不適合がある場合に買主が採りうる手段としては，民法上，(i)履行の追完請求，(ii)代金減額請求，(iii)解除，(iv)損害賠償請求の4つがあるが，民法上(i)履行の追完請求と(ii)代金減額請求について優先関係を定める規定はないことから，契約上特段の合意がなくとも，買主はこれらの手段を任意に選択することができる。

⑨ 商法526条は，契約不適合責任追及の期間制限につき，民法上のルールよりも買主にとって厳しいルールを定めているものである。

⑩ 契約不適合責任の追及方法として，履行の追完以外の方法（代金減額請求，解除，損害賠償など）を排除する旨の契約上の定めは，一般的には，売主にとって有利な定めである。

⑪ 取引基本契約書をレビューするに際して自社が売主の立場である場合，一般的には，所有権の移転時期はなるべく早く，危険の移転時期はなるべく遅くなるように定めることが望ましい。

⑫ 取引基本契約書において代金の支払を定める場合，買主の立場としては，締切日までに"検収"した商品を代金支払の対象とするよりも，締切日までに"納品"された商品を代金支払の対象とするほうが一般的には望ましい。

⑬ Xが買主，Yが売主であるXY間の売買契約において，当該売買契約の目的物の欠陥が原因で第三者Aの身体に損害が生じた場合に，XがAに賠償金を支払ったときのXからYに対する求償権行使に際しても，Xは，製造物責任法の適用によって，Yの故意または過失の立証をする必要はない。

⑭ 取引（売買）基本契約書において，目的物である製品に知的財産権に関する紛争が生じた場合の相手方当事者への通知義務を定めておくことは，一般

的に，売主・買主双方にとって有用である。

あとがき

「はじめに」で書いたとおり，本書は，「契約書業務初学者」の方を典型的な読者として想定して執筆したものです。

本書は，読み進めるにつれて徐々に難易度が高くなるような構成となっており，本書を読み終えた「契約書業務初学者」の方は，読み終えた（読み終えることができた）時点で，すでに一定の実力がついているのではないかと思います。

本書（特に，あらゆる契約書に共通する事項が書かれている第4章まで）を繰り返し読んでいただき，実際の契約書業務に活かしていただければ幸いです。

最後に，本書執筆に至るまでに私に関わってくださった方々への感謝を記させていただければと思います。

まず，私がかつて所属した2つの法律事務所と出向という形で所属させていただいた企業様，そして現在所属しているかなめ総合法律事務所に対して。これらの所属先でいただいたご指導や積ませていただいた経験がなければ，本書ができることはありませんでした。

次に，本書をレビューいただいた多くの弁護士の方に対して。皆さま大変お忙しい中，詳細なレビューをいただきました（とりわけ東京大学ロースクール時代の同級生でもある西村あさひ法律事務所の中井成紀先生には，彼の出向経験も踏まえた大変詳細なレビューをいただきました）。皆さまがいなければ本書の内容は全く違うものになっていたと思います。なお，当然ですが，本書の誤りはすべて私の責任です。

続いて，X（旧twitter）や私が運営する法律家向け交流サイト「X-Law.net」（クロスローネット）に投稿してくださっている法律家の方に対して。本書執筆にあたっては，Xなどで話題となる「契約書あるある」や「契約書ネタ」を大いに参考にさせていただきました。本書をきっかけに，Xなどでの議論が一層活発になれば幸いです。

　そして，（本人の希望により名前は伏せますが，私よりはるかに優秀な弁護士である）妻に対して。日々感謝することばかりですが，本書執筆に限って記させていただければ，本書執筆内容に関するアイデアの壁打ち相手となってもらいました。

　最後に，出版社である中央経済社様とりわけ，実務書編集部石井直人様に対して。本書出版にご賛同いただき，また，本書執筆に関する貴重なアドバイスをいただきました。

　この場を借りて御礼申し上げます。

2024年1月

弁護士　**幅野　直人**

索　引

【著者紹介】

幅野直人（はばの・なおと）

弁護士（東京弁護士会）。契約法務，M&A，企業間紛争などの企業法務案件を幅広く取り扱う。国内大手企業に出向経験があり，法律事務所所属の弁護士としての立場のみならず，企業の法務部員としての立場からも，多数の契約書作成・レビューに携わってきた経験を有する。

略歴

2012年	東京大学法科大学院修了
2013年	弁護士登録（66期）
2014年	ベリーベスト法律事務所入所
2018年	隼あすか法律事務所入所
2020年	かなめ総合法律事務所入所
2022年	Fordham University School of Law 修了（LL.M.）
2022年	クロスロー株式会社設立（代表取締役）
2023年〜	中央大学法学部兼任講師

企業法務1年目の教科書
契約書作成・レビューの実務

2024年3月1日　第1版第1刷発行
2024年11月25日　第1版第9刷発行

著　者　幅　野　直　人
発行者　山　本　　　継
発行所　㈱中　央　経　済　社
発売元　㈱中央経済グループ
　　　　パ ブ リ ッ シ ン グ

〒101-0051　東京都千代田区神田神保町1-35
電　話　03(3293)3371(編集代表)
　　　　03(3293)3381(営業代表)
https://www.chuokeizai.co.jp
印刷／東光整版印刷㈱
製本／侑井上製本所

©2024
Printed in Japan